AVEC MON AUBE ET MES SANTIAGS

Guy Gilbert

Prêtre éducateur

Avec mon aube et mes santiags

FRANCE LOISIRS

123, boulevard de Grenelle, Paris

Édition du Club France Loisirs, Paris,
avec l'autorisation des éditions Stock

ISBN : 2-7242-4446-X

A toi le môme qui, t'adressant à ta mère, au premier rang d'une assemblée eucharistique, m'a suggéré le titre de ce livre : « Regarde, maman ! Sous son aube, le curé a des santiags. »

Mon vêtement de prêtre, quand je célèbre l'Eucharistie, m'appelle à un approfondissement spirituel toujours plus fort. Il permet au sportif de Dieu que je veux être de courir de rue en rue, de prison en prison, avec mes santiags (chaussures cow-boy qu'affectionnent les jeunes de ce temps), et qui font partie de la panoplie loubarde que j'ai adoptée.

Couper en deux ma vie chrétienne et sacerdotale et mon engagement temporel d'éducateur m'enlèverait toute force. L'une dynamise l'autre. Et réciproquement.

A l'image de mon « Patron » Jésus-Christ... S'il n'avait été un menuisier, il n'aurait sans doute jamais été le Fils de Dieu si proche de nous. C'est son travail qui lui a donné les mots qui, depuis 2 000 ans, nous touchent au plus profond et nous transfigurent.

Puissent les mots de ce livre vous dire ma tendresse prioritaire pour les jeunes cabossés par la vie et ma passion de leur dire Dieu.

Loubardement et en Église.

Au jour le jour

Les deux regards

La lourde porte s'ouvre devant moi dans un grincement de gonds. Ce grincement sur lequel tous les taulards cauchemardent encore longtemps après leur sortie. Une deuxième grille est devant moi. Le surveillant ne l'ouvre pas encore et s'adresse au prisonnier : « Voulez-vous voir le père Gilbert ? » La réponse claque, glaciale : « Non ». Le prisonnier me lance ensuite un long regard. Oui, j'y vois ce regard de tigre dont le surveillant m'avait dit avoir tant peur. Mais derrière ces yeux de fauve, une douleur sans nom, une plainte immense, un regard d'enfant me vrillent le cœur.

Je vais rejoindre la quarantaine de prisonniers que j'avais invités à discuter. Tous sont là, sauf un, celui-là même que je viens de voir et dont m'a parlé le surveillant : « Il a tué déjà, alors qu'il n'avait pas dix-huit ans. Il a eu quinze ans de prison. Il est sorti il y a deux mois. Il est là de nouveau pour tentative de meurtre. Vous avez vu son regard ? Il dit tout. »

A première vue, il n'y avait que lueurs de haine et de désespoir dans ce regard. Mais si on refusait de se laisser prendre par cette première impression, on pouvait y lire autre chose qui ne faisait pas peur. Et qui, bien au contraire, m'attirait comme un aimant.

C'est ce second regard que j'aime tant chez les prisonniers. Quand je les vois en groupe, dans chaque ville où je passe pour des conférences, c'est toujours la même chose. Au début c'est, je dirais, une sympathie glacée. Leurs visages sont fermés, leurs yeux durs. En silence, ils épient, ils fixent celui qui vient les visiter. Parce qu'il leur permet de sortir de leur cellule archicomble ou de leur isolement infernal, ce visiteur, quel qu'il soit, est le bienvenu. Qu'il vienne leur parler de la sexualité des escargots ou du rendement laitier des vaches de Nouvelle-Zélande, il les distraira de la monotonie quotidienne où ils croupissent, en attendant qu'on les juge ou qu'on les libère.

Mais j'ai constaté bien autre chose au moment où le dialogue prend fin et où je leur serre la main, avant le retour en cellule.

Ils ont des yeux d'enfants. Des yeux innocents. Quand on leur parle, du fond des tripes, de l'amitié qu'on leur porte, quelque crime qu'ils aient commis. Quand on vient les voir les mains nues. Pour rien. Rien que pour le dialogue et l'amitié. Alors ce peuple d'exclus livre son âme. Leurs yeux, plantés dans les miens, me transpercent parfois, tant leur besoin de fraternité est grand, tant ils recherchent la chaleur d'un regard de frère. Ils partent ensuite, en m'écrasant la main. Il m'est arrivé, en sortant, de pleurer silencieusement, tant la tension, la peine de devoir les quitter et de les savoir si démunis m'ont meurtri au plus profond de l'âme.

Ils m'ont appelé, sans le savoir, à méditer sur le regard du Christ dans l'Évangile. Plusieurs fois, il y est indiqué : « Il le (ou la) regarda. » Que ce soit Marie-Madeleine, la pute, Zachée, l'escroc, le militaire centurion ou le jeune homme riche, son regard était tel que l'évangéliste qui l'a vu le note. Il faut dire aussi que c'est ce fameux regard qui s'est aussi posé sur Matthieu, Marc, Jean et Luc. Ça les a tellement brûlés que, toute affaire cessante, ils ont suivi le Christ.

Quel était ce regard ?

Le Christ en avait deux. Celui qui fixe l'apparence qu'offre toute personne, et celui qui voit ce qu'il y a d'intime et de meilleur dans tout être. Mais comme il allait vite en besogne, parce qu'il est le Christ et qu'il est l'Amour, ces deux regards ne devaient en faire qu'un seul.

Il a rencontré d'innombrables personnes. Des femmes et des hommes. Des jeunes et des anciens. Des petits et des grands. Des maigres et des gros. Des tordus et des bien foutus. Des sympas et des chiants. Des bavards et des silencieux. Des riches et des pauvres. Des blancs et des basanés... Mais de cela il s'en fout. Et complètement. Il regarde au fond de l'âme de chacun. Alors tout bascule chez l'autre. Parce que le Christ ne voyait qu'avec le cœur. Parce que son regard ne jugeait jamais. Parce qu'il voyait l'invisible d'un être. Ce qui l'anime de l'intérieur.

Et sa puissance d'Amour faisait fondre toute résistance, toute certitude bidon, tout faux-semblant. Ou alors son regard s'émerveillait de tant de splendeurs cachées dans certains êtres. Et c'est Lui qui fondait devant la foi ou la sublime pauvreté de certains êtres qu'il côtoyait. Et il le disait d'un militaire : « Je n'ai jamais vu une foi aussi grande. » Il le disait d'une pauvre femme glissant son obole dans un tronc : « Le dernier sou que cette femme a donné, on en parlera jusqu'à la fin des temps. »

Peut-on avoir le regard du Christ ?

Absolument.

A condition de le lui demander. Et tous les jours. « Donne-moi ton regard », voilà ma dernière prière de chaque matin avant de foncer pour mon combat quotidien. « Fais-moi voir dans Marcel, qui va encore me faire chier toute la journée, son immense pauvreté, son désir inextinguible d'être remarqué, qu'on lui parle, et de compter pour quelqu'un. Fais-moi oublier, à travers tous les tapeurs qui vont frapper à ma porte, leurs seules exigences apparentes de fric.

« Fais-moi être patient au téléphone pour ne pas écourter très vite l'appel lointain et habituel de celui ou celle qui va me parler longuement de son lumbago, de ses névralgies faciales ou de son petit-fils qui soi-disant tourne mal parce qu'il a eu un zéro en français !

« Fais-moi me souvenir de ton ultime regard vis-à-vis de celui qui était à côté de toi sur la croix et qui estimait sans doute qu'il ne valait pas lui-même la corde pour le pendre. Sa pauvreté, son humilité, sa détresse t'ont vrillé le cœur une dernière fois. Tu ne pouvais pas faire autre chose que l'inviter à te rejoindre, dès le supplice de la croix achevé. C'était ton dernier regard… sur la terre. Tu nous l'as laissé ce regard. Pour contempler chaque visage. Pour regarder ce qui l'anime de l'intérieur. Donc pour te voir partout et en tout être.

« Alors, chaque jour, tu nous appelles à l'émerveillement ! »

Sur le seuil de ma porte fracturée...

C'est la fin d'un séjour d'un mois, superbe autant que dur, dans la Bergerie du Verdon, avec quarante jeunes. Je rentre à Paris pour quarante-huit heures. Le temps de dormir et de prier et je vais préparer mes valises pour un camp de quinze jours en Algérie.

J'arrive à la permanence parisienne, avec la joie de goûter deux jours de paix. J'entre. Un premier choc... La porte de mon bureau a été fracturée. Je fonce sur le seuil. Deuxième choc... devant l'indescriptible désordre. Mais ce coup-là est atténué. J'ai l'habitude. En effet, en dix-huit ans, ça fait la cinquième fois que je trouve mon bureau vandalisé.

J'estime que c'est infime en pensant aux milliers de jeunes qui ont franchi notre seuil. Les contrevents forcés peuvent s'ouvrir en deux minutes. Ils donnent sur la rue. Les serrures sont d'un modèle courant. Le petit blindage de la porte est dérisoire.

Je n'ai jamais voulu mettre barreaux d'acier et porte sophistiquée, par respect pour « eux ». Cela leur rappellerait trop les lieux où ils ont tant souffert. Et puis, j'ai constaté que d'autres permanences-bunkers sont systématiquement enfoncées.

Je suis toujours sur le seuil. J'observe et je médite.

Le cambrioleur a mis tout sens dessus dessous. Manifestement il cherchait de l'argent, rien que de l'argent. Mon bureau, que j'avais parfaitement nettoyé et rangé, avant de partir à la Bergerie, est dévasté. Les croix et les petites statues données par tant de gars et de filles sont éparpillées partout. Il a manifestement trouvé et emporté les quatre mille cinq cents francs que Marc, mon adjoint canadien, m'avait confiés avant son départ pour le Québec.

Alors je m'avance. Je sais déjà qui a fait ça. Tant d'années à leur service m'ont donné un sacré flair. Je l'ai sorti de l'enfer de la drogue, avec mon équipe, après un long combat. J'ai appris récemment qu'il l'avait retrouvée. Malgré les excellents liens d'amitié tissés ensemble, cette maudite drogue lui a sans doute fait perdre le cœur et la raison. Le résultat est devant moi : plus rien n'a de prix que la seringue et tout le fric possible pour la remplir.

Je médite en remettant chaque chose en place, lentement. Je sais que ce sera long et que je vais rogner les heures de paix que je désirais tant savourer. Mais, au fond, la paix ne m'a pas quitté. Je vais aller le voir quand tout sera remis en ordre. Il expiera ce qu'il a fait. Il remboursera ce qu'il a volé. Mais je sais aussi que je ne pourrai pas le lâcher, seul dans sa solitude ravagée par cet acte qu'il doit se reprocher, aux heures de lucidité. Quant à moi qui, sans cesse, crie que je suis d'abord du côté de la victime, je ne peux bien le dire qu'en le vivant.

Les dégâts ne sont pas irréparables comme ceux dont des amis ont été les victimes le jour de leur départ en vacances. Cinq minutes d'inattention sur le bord d'une route où ils se désaltéraient, et l'argent longuement économisé, jour après jour, se volatilisait. Il leur restait juste assez de monnaie pour retrouver Paris et leur HLM six heures après les avoir quittés.

Je replace sur mon bureau la Vierge à l'Enfant, statue de bois très belle, offerte par un anonyme.

Tout est en ordre. Un « Ave Maria » lentement récité et je quitte mon bureau.

Marie m'aidera à pardonner à ces mains qui ont saccagé tant de souvenirs que j'aime. Parce que, hier, c'était le 15 août, et que je lui ai demandé à Elle qui est l'Aimante de m'apprendre à aimer sans jamais me décourager, sans souci des blessures.

Hommes de la paix

Quand des automobilistes se battent pour un pare-chocs cabossé, comme c'est chouette de voir arriver des hommes qui séparent les adversaires et les aident à repartir, pas forcément réconciliés mais apaisés. Il est merveilleux aussi de voir se pencher sur un blessé un homme venu de nulle part, qui reste là jusqu'à ce que l'ambulance qu'il a fait appeler, arrive.

Le feu qui sème la panique et fait se sauver les gens affolés attirent ces hommes-là. Ils sont là pour limiter les dégâts, pour sauver ce qui peut l'être encore.

Ils sont encore là quand des voisins ırascibles les appellent pour régler des conflits de palier. Conflits qu'ils apaisent souvent. Parfois à leurs risques et périls quand les belligérants, réconciliés, se retournent contre eux.

La femme battue par son mari les appelle au

secours. Difficile mission de se trouver au cœur des conflits intimes : ce sont les plus durs à débroussailler.

Ils n'ont pas peur d'aborder des jeunes perdus à deux heures du matin, dans les rues de Paris et de chercher, en discutant avec eux, le pourquoi de leur présence insolite dans la nuit froide, loin d'une famille qu'ils savent, d'avance, glacée.

La vieille dame qui a peur de se faire agresser en allant chercher sa pension n'a qu'un numéro de téléphone à composer pour trouver un bras solide. En prime, l'homme de la paix aura tout le temps d'écouter durant le court trajet, si long pour les vieilles jambes, les potins que la vieille dame ne peut plus confier à personne…

Quand un enfant disparaît, ils partent en chasse pour le retrouver. Pour ces hommes de paix, il n'y a pas de plus grande joie que de ramener au foyer l'enfant fugueur. Il arrive trop souvent qu'ils ne puissent que présenter un cadavre aux parents épouvantés. Alors ces hommes de paix repartent en chasse pour traquer celui qui a osé massacrer une vie innocente et qui peut en détruire d'autres. C'est la chasse la plus dure et parfois la plus longue. Ils mettent en effet parfois un temps fou à trouver le monstre, le tortionnaire, l'assassin d'enfants ou de vieilles dames.

Ce portrait idéal veut être celui d'hommes qu'on appelle d'habitude... gardiens de la paix.

Barbie ! Sauras-tu demander, un jour, « pardon » ?

En allant rencontrer des mineurs à la prison de Lyon, je pense à toi, chaque fois, car je sais que tu es là, tout près.

Je t'ai vu te dérober à ton procès. On a le droit de fuir devant un tribunal. On a le droit de refuser de voir le regard éperdu, épouvanté, parfois haineux de celui ou celle qu'on a avili, torturé au point de réduire son corps à l'état de loque, de le réduire à une masse de chair meurtrie.

On a le droit, de concert avec ses avocats, de prendre un système de défense aberrant. Par exemple comparer la guerre d'Algérie au génocide d'Hitler.

J'y étais, Barbie, en Algérie. Oui, j'ai entendu un soir un jeune de mon contingent dire que, lorsqu'il frappait avec ses lourdes godasses militaires le crâne de nouveau-nés algériens, ça ressemblait au bruit d'une coquille de noix qu'on écrase. Ce mec ne dormait plus... à cause de cela. Mais si des actes horribles ont eu lieu là-bas, cela venait de la haine de certains jeunes, mal préparés à cette guerre, que des chefs de sections à moitié fous faisaient boire avant de les lancer à l'assaut de villages inoffensifs. L'horreur n'était pas planifiée, voulue, orchestrée, comme dans les camps nazis où tout nouveau-né était systématiquement noyé dans un seau d'eau.

Beaucoup de jeunes du contingent ont réagi face à des cas la plupart du temps isolés. De nombreuses voix en France, de tous bords, et de toutes confessions, ont protesté et dénoncé la torture durant cette guerre.

Toute guerre est horrible, injuste et entraîne avec elle ses horreurs, ses tueries. Mais jamais un cerveau de dément comme celui d'Hitler n'avait été aussi loin dans l'anéantissement total de races, de peuples. Jamais !

C'est pourquoi tu es là, à Lyon, dans ce procès. Il te dépasse. Tu seras condamné pour des crimes précis mais, au-delà de toi, on condamnera aussi des crimes commis contre l'humanité.

Dans le monde actuellement on tente de juger, au-delà d'assassinats précis, des philosophies criminelles aberrantes. Par exemple en Argentine. Mais, comme toi, des militaires argentins refusent d'être jugés : « C'est pas moi. Oui, j'ai violé, j'ai torturé. Mais on m'avait ordonné de le faire. Voyez plus haut. » Ça sera la même chose quand Pinochet sera renversé, ou assassiné. On jugera sans doute ses complices et ils retrouveront les mêmes arguments : « C'est pas nous. On a simplement obéi aux ordres. »

Vouloir te juger, quarante-cinq ans après, est essentiel pour le monde d'aujourd'hui. Ça nous aide à prendre conscience de notre folie d'hommes et à lutter contre elle, car les théories qu'Hitler a semées restent vivaces.

Ton refus de demander « pardon », jusqu'à aujourd'hui du moins est une douleur pour moi. Sauras-tu ce mot un jour ?

Sache que je te garde une tendresse cachée. Parce que je suis chrétien. Parce que tu es pécheur. Et quoique monstre, sadique, bourreau, tu restes un homme qui a failli et tu as droit au pardon si tu sais le demander.

Sache enfin que je garde dans mon métier la force que m'ont communiquée la visite du camp de Mauthausen et la lecture d'innombrables récits des camps de la mort.

Dans l'épouvantable calvaire que toi et tes complices avez fait subir à tant de millions d'innocents, beaucoup se sont révélés des âmes sublimes, saintes, héroïques. C'étaient eux qui étaient princes, rois, face à vous qui croyiez être les maîtres du monde et qui n'êtes maintenant que de pitoyables vieillards fuyants.

Ceux et celles que vous avez torturés ont pu, parfois, déceler en vous des gestes humains. Ils les remarquaient d'autant plus qu'ils savaient que vous aviez été formés à n'être que des automates insensibles et sanguinaires ; quelque part en vous, vous restiez encore, un peu, des hommes. Dans la seule lumière de Dieu, ils seront capables, si tu sais le demander, Barbie, de te pardonner.

Ce serait la plus belle victoire de l'homme, et la plus grande défaite du système le plus terrifiant de tous les temps. Si je n'étais pas chrétien, Barbie, je ne rêverais pas cela, et je ne croirais pas à mon rêve.

L'indécence au quotidien

Quand je vois apparaître Me Vergès à la télé, j'ai honte quelque part. Il défend un criminel : soit ! C'est son boulot. Mais cette mine triomphante de star empâtée, ses allures de diva, sa lèvre gourmande qui laisse filtrer des bouts de sa stratégie aux journalistes piranhas, tout cela me fait honte, face aux horreurs dont Barbie répond. Ces milliers de morts, dont quelques survivants témoignent toujours avec le masque de l'épouvante malgré le demi-siècle passé, devraient surgir sur le visage de Me Vergès.

Le président autrichien, lui, n'a pas trouvé mieux que d'affirmer que les générations d'aujourd'hui doivent tout savoir sur le génocide hitlérien. Paroles indignes venant d'un chef d'État indésirable presque partout, parce que, justement, il refuse de tout dire à ceux qui le soupçonnent d'avoir trempé ses mains dans le sang des innocents.

Que Jean-Marie Le Pen ne nous épargne rien de sa volonté inébranlable de restaurer une France blanche et pure, débarrassée de toute nuisance immigrée et délinquante, grâce aux charters et aux fourgons cellulaires *via* l'Afrique et les prisons, on commence à être au courant...

Mais que V.G.E., notre ancien président, pour décrocher une présidence à l'Assemblée nationale, ait flatté outrageusement Jean-Marie Le Pen, afin d'obtenir le nombre de voix nécessaires, c'est plus qu'indécent. C'est tout simplement honteux.

Bravo Michel Noir d'avoir marqué des limites à l'indécence de trop d'hommes politiques. Tu as été le premier à dire . « On s'en fout d'avoir en 88 le fauteuil du président, s'il doit être souillé par des votes aussi racistes que démocratiques. »

Mais ne t'inquiète pas ! Si demain, avant l'élection, tes copains qui aujourd'hui te contestent s'aperçoivent que les voix de Le Pen ne leur sont plus utiles et peut-être même compromettent leurs chances, tu les verras aller en hordes compactes à la curée.

Tu restes pour moi, Michel, celui qui a dit au moment où il le fallait et malgré l'orage que tu savais déclencher, ce que doit dire un homme politique qui veut gérer le bien de l'homme.

Tu incarnes l'espoir dans cette boue quotidienne et tu sauves quelque chose de très grand, notre dignité si malmenée par tant d'hommes retors, girouettes, caméléons.

Tu donnes aussi aux jeunes, de plus en plus écœurés par tant de discours politiques versatiles et calculateurs, un point d'appui qui les empêchera de fuir dans l'individualisme ; leur suprême refuge quand des adultes se dévorent sous leurs yeux pour conquérir ce qu'ils appellent le pouvoir suprême. Et qui devrait n'être que le service humble et désintéressé pour le bien de tous et de toutes.

L'empire du sexe

Quand un de mes jeunes cache précipitamment une revue en me voyant arriver, je la lui demande séance tenante. Il finit par me la donner. C'est, bien sûr, une revue porno. Je la feuillette rapidement et l'analyse avec lui. Cela fait partie de ma tâche d'éducateur. Je ne peux me taire devant l'étalage de telles saloperies...

Quand M. Pasqua, alors ministre de l'Intérieur, a eu l'étrange idée de faire une « exposition de l'horrible » pour marquer officiellement son dégoût de l'obscénité, je ne sais quelles étaient ses intentions profondes. Mais ce qui m'a étonné, c'est la réaction de nombre de personnalités politiques. Elles trouvaient cette exposition inutile et stupide, ajoutant, comme si c'était une preuve, que leur enfance n'avait souffert en rien des étalages pornographiques. Il est de bonne guerre dans le monde politique de clabauder sur le camp opposé. Donner à M. Pasqua de la « pucelle effarouchée » ou du « puceau attardé », c'est une chose à laquelle il devait s'attendre. Mais ignorer le mal fait dans le regard, le cœur, occulter les réactions que peuvent engendrer, chez des jeunes fragiles, des visions de violence accolées à des étreintes sordides, est autrement plus désolant.

Nous vivons dans un monde plus que fortement sexué. Au point que la publicité se sert de l'érotisme pour vendre n'importe quoi, voiture, lessive, yaourt ou tronçonneuse. Aujourd'hui, c'est la pornographie qui, lentement, acquiert droit de cité. Droit de s'étaler.

Depuis trente ans, on assiste à un débridage des mœurs hallucinant. Que l'Église, pendant longtemps, ait bloqué par un puritanisme dingue la sexualité est un fait que personne ne peut plus contester. L'interdiction de prendre un quelconque plaisir, hors le moment où le couple fait l'amour dans l'intention d'avoir un enfant, en était un des exemples les plus frappants. L'Église de maintenant s'attache à défendre pied à pied la dignité des couples et la sexualité dans l'amour. Elle a raison. Mais la permissivité est telle qu'à chacune de ses interventions elle provoque sourires, contestations, quand ce n'est pas mépris...

Je le dis et le répète aux jeunes que je rencontre : ne baisez pas, apprenez à faire l'amour. C'est-à-dire, sachez attendre, ne vous jetez pas sur n'importe qui à la moindre pulsion. Vous ne pourrez que vous meurtrir mutuellement. Attendez de rencontrer quelqu'un que vous aurez envie, vraiment envie, d'aimer.

L'acte d'amour, quand un couple s'aime, est une des plus belles choses du monde. Il n'a rien à voir avec les ébats des échangistes de tous poils qui pullulent dans les parcs et les bois des capitales.

Et puis, il serait plus que temps de cesser de considérer la prostitution tout banalement comme le plus vieux métier du monde. J'ai entendu des chrétiens, et des prêtres parfois, le dire avec l'œil coquin, en parlant d'une fatalité inéluctable. Moi, j'ai honte, pas pour « elles », mais pour nous les hommes.

Écoutons cette prostituée dire à tous ceux qui pensent que, faute de putains, toutes les femmes du monde seraient en passe d'être violées : « Celui qui va voir une pute et celui qui viole ne sont pas les mêmes. Celui qui a envie de violer violera quand même. »

Elles sont dangereuses, en effet ces affirmations toutes faites. Véhiculées sans cesse, qui entretiennent avec une redoutable efficacité l'impossibilité d'imaginer des villes sans femmes réduites à l'abjection, à l'esclavage.

Car ce sont des esclaves, et on refuse de savoir le cauchemar que la plupart vivent.

La sexualité a une grande importance dans la vie de chaque être… même consacré. Si l'Église demande aux prêtres, non pas de la refuser mais de la sublimer, c'est pour que nous puissions mieux montrer à ceux et celles qui la vivent qu'elle n'a pas une importance décisive et pour que nous puissions montrer, aussi, que l'amour oblatif, c'est-à-dire offert à toute personne, ne passe pas forcément par le sexe. Et que le mot amour, si dévalorisé, garde un sens d'une beauté infinie. Quand il a sa source en Dieu.

L'indéfendable ou l'honneur d'être chrétien

Pendant que l'un violait la fille, l'autre lui pissait sur la tête et réciproquement. Le supplice dura dix heures. Les jurés étaient épouvantés. L'avocat fit une plaidoirie abjecte se noyant dans la mare putride de ceux qu'il défendait en voulant faire pleurer les jurés sur les années de cauchemar que risquaient en prison les deux bourreaux et en minimisant le viol.

La fille qui avait réussi à tenir le coup, dans le réveil de ces heures d'épouvante, sortit à ce moment-là en larmes.

J'étais là. Pour défendre quoi ? L'humain de ces deux jeunes. Rien d'autre. Rien de plus. Et c'était déjà beaucoup pour moi. Il fallait que je m'accroche à la barre. Une seule lumière pour tenir. Une seule. La prière avant et pendant mon témoignage. Et aussi ne plus voir l'horreur nue mais ce qui a pu la provoquer. L'humain que je connais bien des jeunes que je défends me donne une force pas possible. Car je sais que cet humain-là a été massacré au point de les conduire sur des sommets de l'horreur, inconnus de la plupart d'entre nous.

Sommets malheureusement atteints à l'heure actuelle à une cadence répétée. Qui ne se souvient de Valérie, dix-huit ans, draguant les hommes la nuit pour que ses copains puissent les tuer et les piller ! A l'un des cadavres, elle n'a soutiré que quelques tickets de métro. Thierry P., égorgeant ou étouffant un nombre impressionnant de vieillards. L'Indien violant et tuant Céline, de la Motte du Caire, en prétextant un meurtre rituel. Dans ce long martyrologe vient s'inscire un autre prénom innocent à Reims : Sandrine.

Entendre le père de Céline clamer sa haine à la télé était aussi fascinant qu'insoutenable. Mais qui donc pourrait, devant son enfant ainsi torturé et violé, ne pas avoir envie de tuer le bourreau ? Peu d'entre nous.

Un jour, un homme, partisan acharné de la peine de mort devant de tels crimes, eut cette réflexion surprenante quand il m'a laissé le temps d'échanger avec lui et que je me risquais à lui dire que, de tels monstres avaient une étincelle d'humanité et que je me devais de la déceler. « C'est l'honneur de votre mission de chrétien de nous le dire. » Oui, c'est notre honneur de chrétiens, dans ce monde infime de zombies qui nous épouvante quand il se révèle, d'être là. Être là seulement pour défendre et sauver à tout prix ce qui reste d'humain dans chaque être. Ou bien alors demain c'est le règne du lynchage, de la haine contre la haine, du sang contre le sang.

Une seule réflexion m'éclaire et me donne une force immense dès que je me la répète. C'est celle d'un rescapé du camp de la mort de Mauthausen qui faisait visiter tous les ans aux touristes qui passaient les lieux où pendant deux ans et demi il avait touché les sommets de l'horreur. A la fin de la visite ce déporté a dit au groupe de personnes dont j'étais : « Et dire que « NOUS » sommes capables de faire de telles choses. »

Élection présidentielle ou pontificale ?

C'est avec joie que je savourais les envolées pontificales des supporters de nos candidats aux présidentielles...

Un politicien annonçait : « Le peuple français va entrer en conclave. » Un leader politique affirmait avec une noire ironie qu'on n'attendait plus que la fumée blanche qui allait apparaître, incessamment, au-dessus de l'Élysée. D'autres politiciens glosaient interminablement sur l'âge des candidats à l'élection, avec le regret, ou le souhait, qu'on s'en tienne à la fameuse limite des soixante-quinze ans qui stoppe toute chance d'accéder à un poste d'autorité dans l'Église. Un autre enfin déclarait qu'il refusait de croire à « l'infaillibilité pontificale » de l'un des concurrents.

Passons sur la méditation exégétique d'une lettre-programme d'un candidat. Lettre baptisée : « Épître aux Gaulois » de saint François Ier, dernier apôtre en date du XXe siècle !

C'est merveilleux de constater que l'élection pontificale puisse servir de référence à nos élections présidentielles. On ne peut que s'en réjouir. Allons jusqu'au bout de ces réjouissances. Au train où vont ces commentaires religieux, nous allons en effet tout droit vers une élection où le plus humble de nos candidats présidera aux destinées de la France et bien sûr à son corps défendant !

Il est bien connu en effet qu'un homme d'Église désireux d'être pape ou pressenti comme tel en entrant en conclave, n'en sort que cardinal. L'Église en effet bloque toutes les portes à l'homme qu'elle suspecte de vouloir faire carrière en son sein. Sage mesure quand on sait ce que représente de gratuité, de don de soi, d'humilité et de loyauté le fait de porter tant de charges écrasantes. Il nous faut prier pour que le plus humble, le plus petit, le plus obscur des candidats pressentis soit l'élu de demain. Car alors nous aurons toutes les chances pour qu'il s'intéresse aux chômeurs, aux exclus, aux prisonniers (qui seront ses préférés puisqu'ils n'ont aucune voix à lui donner), aux étrangers (qui peuvent travailler trente ans chez nous sans avoir le droit de voter dans la cité qu'ils ont aidé à construire), aux traîne-la-rue (qui ne peuvent voter, parce qu'ils n'ont pas de domicile fixe).

L'Esprit-Saint préside à l'élection du pape. Je pense que malgré les temps qui courent, ce même Esprit-Saint refusera de se mettre en chômage pour l'élection d'un président. L'esprit de Dieu, s'il nous habite, ne nous fera pas suivre les sirènes nous annonçant que demain les nantis le seront encore plus. Que la France se doit d'être toujours plus puissante, armée et riche. Que les privilèges resteront dans les mêmes berceaux.

L'Esprit ne peut que nous pousser à choisir l'homme qui sera le meilleur pour la France, c'est-à-dire celui qui en priorité aidera les plus petits de nos frères et de nos sœurs à vivre et non pas à survivre. Un homme qui nous ouvrira le regard vers ceux et celles qui à deux heures d'avion de chez nous, crèvent la faim. Un être d'exception qui nous insufflera des idéaux suffisants pour que les jeunes et les moins jeunes aient la conviction que notre pays ne sera grand que libre, solidaire, partageant, fraternel, pacifique et tolérant.

Oui, plus que jamais, avant de glisser notre bulletin dans l'urne, nous avons à prier. Et demain quand l'heureux élu (mais au fait, comment pourra-t-il se réjouir de l'être...) sera connu, le plus sûr moyen de l'aider à rester ou à devenir le meilleur ne sera-t-il pas de continuer, là où nous sommes, à vivre nos certitudes humaines et divines ?

Pour que la plus grande égalité entre les êtres soit vécue.

Pour que la liberté ne reste pas seulement un étendard, mais soit vie.

Pour que derrière le mot fraternité fleurisse le plus beau de tous les mots : amour.

Monsieur le Ministre, sois mangouste !

J'ai eu honte en lisant et en écoutant les critiques violentes, hypocrites, injustes des politiciens attaquant M. Arpaillange, ministre de la Justice, quand il a voulu faire sortir de leur isolement les prisonniers qu'on condamne à vivre seuls, dans des conditions si inhumaines qu'elles s'apparentent à une forme de torture particulièrement barbare. Le ministre avait raison de répondre aux fauves politiciens en mal de proie qui s'acharnaient sur lui : « Je ne veux pas être un bourreau et les prisons ne sont pas des camps de concentrations. »

Jamais on ne répétera assez ce que Valéry Giscard d'Estaing disait, il y a quelques années, en parlant de la prison : « La privation de la liberté, telle est la punition. Mais nous ne devons jamais y ajouter ce qui peut détruire une personne humaine. » Et pourtant, c'est ce qui se passe bien souvent.

Lisez bien ces trois témoignages de jeunes

que je connais et qui ont vécu en prison ce type d'isolement, normalement réservé aux détenus politiques, mais qui existe aussi pour d'autres.

« On me jette le soir deux matelas mousse. Je suis à poil. Il fait deux ou trois degrés dans le cellule (c'était l'un des derniers hivers). Je me blottis entre les deux. J'ai froid. L'air glacial passe entre les deux matelas. Je dors presque pas. J'entends rien que l'arrivée de la soupe. Je parle à personne. Je vais devenir dingue. » C'est Patrick, en prison pour dix ans, et qui, ayant fait une connerie en détention, a été condamné à trente jours d'isolement.

Pierrot qui, ayant participé à une évasion, a eu droit à quarante-cinq jours d'isolement, m'a écrit : « Je perds la boule, la notion de l'heure. J'entends que les clefs qui ouvrent ma cellule pour la soupe. Je perds la mémoire. Ma pensée dérive. J'essaie de parler pour entendre une voix. Mais je ne peux plus supporter la mienne. Alors je m'enferme sur moi, je vis comme un zombie. Je me vengerai un jour de ça. C'est trop dur, trop inhumain. »

Enfin, Serge : « Je deviens fou. Pas de fenêtre. Des murs de béton qui résonnent. J'en peux plus. Je t'en supplie, Guy, vois le directeur pour lui demander de me sortir de là. Je vais me pendre, c'est trop dur. »

Je suis intervenu. Il est maintenant avec un type un peu dingue. Ça n'est pas drôle, mais c'est supportable quand il se souvient qu'avant il était seul, seul, seul...

Oui, comme vous, j'ai été épouvanté qu'on tue un Besse, qui n'avait à se reprocher que d'être le patron des usines Renault. Comme vous, je plonge dans un abîme d'horreur devant des déments qui massacrent au petit bonheur la chance n'importe qui, pour défendre des idéologies qui leur ont perverti l'esprit et le cœur. Comme vous aussi, je suis d'abord du côté de la victime, de toute victime. Mais l'isolement pénitentiaire fait des bourreaux, qu'on châtie ainsi, des victimes. Et quand on est en priorité du côté de celui ou de celle dont on écrase la dignité, on ne peut que saluer l'initiative de M. Arpaillange.

On le dit pur, simple, direct et bon, notre nouveau ministre de la Justice. Je le crois. Qu'il le reste, par pitié. Malheureusement, le système politique actuel fait de l'homme politique quelqu'un qui ne doit pas tout dire, qui doit souvent tourner autour du pot, biaiser, user et abuser de la langue de bois. Soit ! Mais quand la dignité de la personne, de toute personne, fût-elle le criminel le plus endurci, est en jeu, alors la vérité est la vérité, qu'on soit de droite ou de gauche.

Merci, Monsieur le Ministre d'avoir osé. Laisse tomber les tordus de la politique politicienne qui profitent de ton humanité pour mordre le camp adverse et te jeter leur venin. Ces cobras-là n'ont que le courage du serpent face à la souris.

Monsieur le Ministre, au nom de la vérité et de la défense de la dignité de l'homme, sois mangouste !

Injustice pour mineurs

Le jeune mineur s'appuie à la barre de plus en plus pesamment. Le procès dure depuis plus d'une heure. Une affaire compliquée de cambriolages et de vols de voitures. Ça date d'un an et demi. Le môme a déjà quasiment oublié cette affaire, elle n'est qu'une péripétie dans une vie déjà lourdement chargée de délinquance.

Le président lui rappelle de temps à autre de bien se tenir. Mais le jeune est déjà loin de tout ça. Les remarques du juge passent sur lui comme l'eau sur les plumes d'un canard. Il ne les saisit pas. La sentence va arriver. L'attention de l'adolescent revient. Mais il lui faut du temps pour comprendre s'il aura du ferme ou du sursis. Le jargon de la justice appuie sa sentence sur des mots incompréhensibles pour un jeune qui n'a que deux cents mots de vocabulaire. « Ordonnance de renvoi », « confusion des peines », « débat contradictoire », « faire appel »..., ces termes le laissent de marbre. Dans l'énoncé de la sentence, il ne cherche que l'essentiel pour lui : prison ou pas.

Des tas de mots lui échappent. Il tente au début de faire répéter ce qu'il ne comprend pas. A la ferme admonestation du juge : « Êtes-vous sourd ? », il se tait et laisse glisser les mots qui ne sont pas pour lui.

Un jeune ordinaire vit le présent. Son passé est toujours lointain pour lui. Son avenir ne le préoccupe pas. Mais un jeune très marginal, dont le passé est parfois effrayant, veut l'oublier à tout prix... De sa vie tissée d'échecs, de récidives, de prison, de foyers multiples, la justice semble ne retenir que sa présence dans de nombreuses salles d'audience.

De plus, ces salles solennelles, ces juges assis, qui le dominent, ne sont pas faits pour l'aider à comprendre ce qui se passe. Il reste debout, mais ses jambes trahissent son embarras et sa fatigue. La justice s'en fout. Elle doit passer coûte que coûte, en tâchant d'impressionner, par tous les moyens, celui qui a fauté. Pourtant, un procès suivant de peu l'inculpation, une petite salle où tous sont assis, inculpé compris, un langage très simple où tous les mots portent, seraient à mon avis le meilleur moyen de faire bien comprendre à des jeunes la justice qui passe.

J'ai assisté une fois à une audience mémorable. Les deux frères, inculpés et drogués, tenaient à peine debout. Une bonne cuite combinée à des médicaments leur avait donné la dose de rêve nécessaire pour affronter l'audience. Ils ne comprenaient rien à ce que la présidente s'acharnait à leur expliquer. Ils titubaient tous les deux, et s'accrochaient à la barre quand ils n'étaient pas carrément avachis sur elle. Pendant que l'un se frottait interminablement le pied (pour atteindre les cachets hallucinogènes qu'il avait cachés dans sa chaussure), l'autre, carrément, se tournait vers la salle pour répéter au public : « Ça va pas dans sa tête à celle-là. »

La présidente, imperturbable, continuait. L'audience se termine. L'un des deux frères sort et tombe de tout son long. Les cachets l'avaient assommé. Le SAMU est venu le chercher.

Le jugement était passé sur deux zombies. Tout était sauf. Sauf l'honneur de la justice.

Jeunes de la rue et H.P.

« Savez-vous, Monsieur l'Abbé, que ce garçon est très dangereux. C'est un criminel en puissance. Il tuera. Et puis je me demande comment le juge d'enfant a pu vous le confier dès sa sortie de l'hôpital psychiatrique. Il aurait dû, une fois extrait de l'H.P. le remettre en prison. »

Ainsi parlait un juge d'instruction, fou furieux de voir Éric, quatorze ans, multirécidiviste, lui échapper. J'avoue que dès les premiers jours de la présence d'Éric parmi nous, je me demandai si le juge n'avait pas raison quelque part. En effet, ce jeune me semblait halluciné et étrangement violent. Il allait de l'un à l'autre posant des questions abracadabrantes. Il tournait immédiatement le dos à son interlocuteur sans attendre de réponse. Ou bien il s'enfermait dans un mutisme alarmant et restait couché des journées entières. La nuit il rôdait interminablement dans la Bergerie, fumant sans arrêt. Il demandait des médicaments que nous lui refusions systématiquement. Alors il entrait dans de soudaines colères. La vaisselle eut le rare et ultime bonheur d'en faire les frais... Les vitres aussi. Quelques couteaux planèrent à leur tour, mais sans viser personne.

Ce n'est qu'au bout de quelques semaines qu'on a commencé à voir plus clair. Il consentait à manger aux heures des repas et surtout à dormir la nuit venue. Il a mis des mois pour se tenir enfin à un travail régulier. Il devint alors intarissable. Comme il exigeait des réponses aux multiples questions qu'il posait à plusieurs interlocuteurs à la fois, le dialogue se révéla dur mais cocasse. Bien sûr, il y a eu quelques récidives. De sa prison, il nous écrivait longuement en n'omettant jamais d'embrasser chaque bête et chacun et chacune d'entre nous. Les formules de politesse emplissaient toujours la dernière page de ses lettres...

A chaque sortie, nous l'avons accueilli. Sa violence s'est atténuée au fil des années. Il est majeur maintenant et semble bien embarquer sur la route de la vie.

D'autres exemples récents m'obligent à m'interroger sur ce phénomène nouveau qui semble s'amplifier. Un nombre croissant de jeunes que je connais se trouvent enfermés dans le circuit prison/hôpital psychiatrique.

A la sortie de la prison, ils se présentent de plus en plus nombreux aux urgences des hôpitaux généraux qui les orientent vers les hôpitaux psychiatriques. Pourquoi ?

Parce que, au départ, des adultes responsables utilisent de plus en plus leur fonction répressive pour enfermer des jeunes de la rue déjà longuement cabossés par la vie dans des hôpitaux psychiatriques. Ils croient trouver là la solution aux maux dont souffrent ces jeunes.

Parce qu'également à la sortie de l'H.P. ou de la prison, il devient très difficile pour les jeunes détenus de trouver leur place dans un monde de plus en plus insécurisé où triomphent ceux qui refusent toute forme de marginalité. Alors les jeunes marginaux de notre société ayant de plus en plus de mal à être reconnus dans le milieu social sont condamnés à redevenir délinquants ou à se faire passer pour fous. Et cela conduit immanquablement face à leur comportement à nous donner la certitude la plus tranquille et la plus sûre :

« Ils sont nés délinquants. Ils sont irrécupérables. »

N'étalez pas leurs noms dans vos colonnes !

Une belle bouffée d'espérance dans les journaux, c'est chouette à commenter. A Douai, un chômeur ne voulant plus de la vie décide de se faire « suicider » par les policiers de la ville.

La tactique est simple : il appelle Police secours sous le prétexte qu'un individu menace d'un pistolet les passants.

« L'individu » c'est lui, armé d'un pistolet chargé à blanc. A l'arrivée du car de police, il tire en l'air, puis sur les policiers. Miracle ! Pas de riposte. Pourtant les policiers ne savaient pas encore que le revolver était inoffensif ! Arrestation et explication.

Un magistrat, ému par tant de désespoir, a demandé une prise en charge du chômeur afin qu'on lui trouve du travail.

Et puis policiers et magistrats se sont refusé à communiquer l'identité du désespéré, pour mieux le protéger.

Je salue cette décision qui les honore.

Comme j'ai salué, il y a peu de temps, le fait que le chef de la gendarmerie proche de notre lieu de vie se soit refusé à donner le nom de notre communauté lors de vols commis par un mineur dont nous avons la charge. Il avait pourtant, cet incorrigible lascar, volé la propre voiture du correspondant du journal qui mentionnait le délit !

Je salue ces gestes délicats d'autant plus qu'ils se font rares. La pratique habituelle des journaux, c'est de donner des noms, prénoms et parfois adresses des jeunes majeurs ou adultes ayant commis des délits.

Cette pratique, surtout en province, s'avère pour celui qui a fauté catastrophique pour son avenir. Dans une petite ville où tout le monde se connaît, il ne fait pas bon être le triste héros d'un fait divers.

Les employeurs, notamment, n'oublient pas de sitôt le nom mis en vedette.

Combien d'adultes sortant de prison m'ont dit n'essuyer que des refus à chaque demande d'emploi, à cause de leur nom étalé dans les journaux.

Ne citer que les initiales des voleurs serait déjà un grand pas de fait pour ne pas les condamner définitivement à l'opprobre public. Je parle évidemment de ce qui concerne seulement les voleurs. Pour les grandes affaires, il semble impossible de ne pas citer les noms.

Quand on sait à quel point est dur et sans appel le jugement que nous portons sur les délinquants, on doit s'interroger sur les risques graves qu'un vol bénin peut entraîner. Risques sans commune mesure avec le délit commis.

Des gestes comme celui cité plus haut et dont le dénouement heureux appelle à la miséricorde devraient se multiplier. En attendant, seule une loi exigeant l'anonymat, peut ouvrir au pécheur repenti et qui a expié, la porte de l'espérance.

Dépasser toute barrière

J'avais l'autorisation de rencontrer les détenus dans cette prison du Nord. Elle semblait m'avoir été donnée du bout des lèvres. Comme je demandais au surveillant-chef, en entrant dans la prison, si je pouvais saluer le directeur, j'ai eu droit à cette remarque : « Il est occupé et il n'y tient pas. Votre apparence, vous comprenez ! » Ne voulant pas comprendre, je montai tout droit au bureau directorial.

Je frappai et entrai. Le directeur était seul. Engoncé dans un impeccable costume anthracite, il se lève et, étonné, me demande comment je suis venu. « Par la porte », répliquai-je en le saluant.

Lui, gêné et pincé : « Monsieur l'Abbé, je ne suis pas d'accord avec votre tenue de loubard. » Moi, sérieux : « Monsieur le Directeur, votre cravate ne va vraiment pas avec la couleur de votre veste. » Silence. J'avais fait mouche. Donc inutile d'aller plus loin et d'épiloguer sur la marque de ses chaussettes... On est heureusement allé plus large et plus haut, assez rapidement. Un shake-hand cordial et je fonce voir les loubards qui m'attendent.

Deux mois passent. Je reçois un coup de fil de ce même directeur. « Monsieur l'Abbé, un mineur est en grand danger. Il a quinze ans. Il est ici pour la septième fois. Il a fait trois tentatives de suicide. Il faut faire quelque chose. Pouvez-vous le prendre ? » Moi, amusé : « Mais monsieur le Directeur, vous sortez de votre rôle. Vous avez mission de le garder. C'est tout, non ? » Et puis, très vite : « OK ! Débrouillez-vous pour me dire qui a compétence pour le faire sortir. J'accepte de le prendre. »

Mohamed, huit jours plus tard, atterrissait

dans la Bergerie de Haute-Provence. Ce directeur l'avait sauvé en prenant une initiative tout à fait en dehors de sa compétence.

Il est maintenant directeur d'une prison parisienne et, bien sûr, en visitant des mineurs je le revois souvent.

A notre dernière entrevue où je devais rendre visite à deux jeunes mineurs difficiles, il m'a dit simplement : « Voulez-vous aller les voir dans leur cellule, ce sera plus chouette pour eux. » Bien entendu, j'ai accepté d'emblée. Entre un parloir anonyme et une cellule personnalisée, il y a une sacrée différence.

L'homme d'ordre revenant, il a ajouté en m'accompagnant : « Sachez que je ne suis pas d'accord avec certains passages de vos livres. » J'aime bien cet homme, chrétien, qui sait dépasser ce qu'un règlement de prison peut avoir de rigide et d'inhumain.

Dépasser toute barrière, tout formalisme, quels que soient sa sensibilité politique, sociale et religieuse ou ses impératifs d'ordre et de règlement, c'est ça être chrétien.

Il est si facile…

Il est si facile de se laisser fasciner par le meurtrier, le voleur génial, le pervers dont les journaux étalent complaisamment les actes, et d'oublier la victime meurtrie, traumatisée à vie…

Il est si facile d'envoyer un chèque à une organisation charitable, et si difficile d'écrire à un prisonnier chaque mois, avec un mandat à l'appui, durant les années de détention où, sans notre aide, il sera condamné à fumer les mégots ramassés dans la cour…

Il est si facile de passer des heures à parler de la pollution, et si difficile de ne pas jeter ses paquets de cigarettes vides sur les bords des autoroutes…

Il est si facile de parler du danger nucléaire, et si difficile d'être celui qui sera, dans sa propre famille, un être de joie et de réconciliation…

Il est si facile d'être le militant qui anime, dirige, de soir en soir, de multiples réunions, alors que ses mômes, à l'âge où ils sont le plus chiants, n'ont que la télé pour meubler leur vide affectif...

Il est si facile, à la prière universelle, de fignoler des intentions pour trente-six mille causes, et une fois revenu à la maison, de se reposer devant un beau film de violence...

Il est si facile de collecter pour le tiers monde, farine, sucre ou menue monnaie, alors que, le repas du soir ne nous plaisant pas, on envoie le contenu de son assiette dans le vide-ordures...

Il est si facile de condamner l'avortement, de prêcher le respect de la vie, et notre morale chrétienne, alors qu'on a oublié de donner les moyens de vivre cette morale à celle qui, enceinte et seule, n'a plus qu'un seul recours : tuer la vie...

Il est si facile de parler de soi, de ses problèmes, en oubliant que, si Dieu nous a donné une seule bouche, il nous a doté de deux oreilles...

Il est si facile d'être pharisien, de se peaufiner une façade, d'affirmer haut et fort ses certitudes, de proclamer un évangile incomparable... et si difficile d'être chrétien dans ses actes les plus ordinaires et les plus secrets...

N'ayez crainte, c'est aussi difficile pour vous que pour moi.

Joies, échecs
et risques d'un métier

Risques

Exceptionnellement, j'étais seul. On sonne. Je vais ouvrir. Un ancien avance tout en braquant sur moi un revolver. Les yeux injectés de sang, hagards, haineux, il me fixe. Je le regarde calmement. N'ayant jamais eu d'ennuis avec lui, je m'interroge au fond de moi sur cette attitude étrange et inquiétante, je l'interroge, en masquant ma peur. « René, qu'y a-t-il ? » Je m'assois sur une chaise et attends. Il s'avance, le pistolet toujours braqué sur moi, et me lâche : « Je viens de tuer ma femme. » En fait, il l'avait blessée. Mais pour lui blesser et tuer étaient dans ce cas, synonymes. L'ayant perdu de vue depuis deux ans, j'ignorais ce qu'il vivait. Par bribes, il raconte. Un amour au début très fort, les premières scènes et puis, à la suite d'une discussion violente, la tournée des bars pour se donner du courage. Enfin, la charge de plomb explosant sur le visage de celle qui lui disait qu'elle ne l'aimait plus. Le revolver était toujours braqué sur moi, mais je savais que je n'avais rien à craindre. J'ai fini par le saisir doucement. René est parti après une tasse de café, plus calme, avec l'adresse d'un avocat, soulagé d'avoir pu se raconter, se défouler.

René sitôt parti, l'arme a atterri dans le vide-ordures. Ce dernier a vocation d'armurerie. Ma technique est simple. Les mineurs que je surprends armés (et c'est de moins en moins rare depuis quelques années), c'est d'office dans le vide-ordures que j'expédie leur artillerie, lourde ou légère, avec en prime la phrase type : « T'as pas besoin de ça pour croire que t'es un homme. » Les adultes, c'est plus compliqué : « Ou tu pars tout de suite avec ton joujou, ou je le fais disparaître immédiatement. » Des gendarmes, dernièrement, venant m'interroger au cours d'une perquisition au sujet d'armes laissées à la permanence par des adultes, me demandaient pourquoi je les avais jetées. « Tout simplement pour qu'elles ne nuisent plus. » « Mais vous n'avez pas le droit de les faire disparaître », me disent-ils. « Je suis coincé, fut ma réponse, et dans ce cas-là, malgré moi, je me situe en dehors de la loi. » Je ne peux en aucun cas aller voir la police ou la justice, je perdrais la confiance de ceux qui viennent m'avouer leurs méfaits.

Malheureusement, les éducateurs spécialisés que nous sommes n'avons pas droit au secret professionnel, ce qui nous met en position d'être souvent des hors-la-loi, complices sans le vouloir des secrets (parfois terribles) dévoilés. Il nous faut agir, alors, avec la prudence du serpent tout en restant d'une fermeté de roc. Ce métier d'éducateur est parfois à haut risque. Il faut le savoir. Coincés que nous sommes entre un peuple qui a ses propres lois non écrites, transmises de bouche à oreille dans un milieu fermé, et la loi qui, elle, est écrite et que personne n'est censé ignorer.

Mais si je reste légaliste par ma formation, ce peuple de la rue m'a mis parfois dans des situations impossibles. Me retrouver, par exemple, lors d'une bataille de rue avec un couteau à cran d'arrêt glissé furtivement dans la poche ouverte de mon blouson par un de mes loubards, craignant la fouille à l'arrivée de la police, c'est plus qu'embarrassant. Toute carrière d'éducateur est émaillée de tels faits. Il faut le savoir et il faut l'assumer.

Une prudence de tous les instants est la première chose à acquérir, à cultiver et à garder coûte que coûte.

Ensuite, un grand discernement. Les pièges, parfois redoutables, dans lesquels ceux que nous abordons peuvent nous enfermer, doivent nous trouver vigilants, attentifs et clairvoyants.

Décider rapidement ensuite, dans les moments difficiles, est un des impératifs essentiels du métier.

Dans les cas exceptionnels, ma foi de chrétien m'a toujours donné la force et la lumière qui me manquait.

Un jour, je discute avec Serge, un ancien qui voulait me voir. On parle un moment. Ça sonne, je vais ouvrir. C'était Jacky, son ennemi mortel. Comme un fauve, il se jette sur Serge. Un couteau à cran d'arrêt jaillit de sa poche. Il pointe le bout effilé sur le cou de l'autre, pâle comme un mort. La lame s'enfonce déjà. Le sang coule le long du cou.

La violence de Jacky est terrifiante. Il a perdu toute maîtrise. Je suis à un mètre. Tout geste de ma part peut être fatal. Je ne peux rien faire. Si ! Une prière. « Aide-moi, Seigneur, je t'en prie, à trouver les mots. »

D'un seul coup, stupéfait, je m'entends dire : « Jacky, tue-le si tu veux. Mais dehors. » Jacky, alors, me regarde. Quelques secondes après, le couteau s'abaisse et il lance à Serge : « Par respect pour Guy, je te ferai pas la peau ici. Mais on se retrouvera. » Et il sort brusquement.

Longtemps après, Serge, me revoyant, m'a dit : « Je ne sais pas comment tu as réussi à me sauver la peau... Mais au fait, qu'est-ce que tu as dit à Jacky ? »

Sa peur du moment lui avait fait oublier ma phrase. Je me suis bien gardé de la lui répéter. Il ne l'aurait pas comprise.

Dieu sauve, parfois, par notre entremise, de bien étrange façon.

Avec des loubards... la nuit à Paris

L'été s'est installé. Chaleur étouffante. Nuit moite. La permanence, toutes fenêtres ouvertes, donne sur la rue. Elle est pleine de jeunes. Il est 3 heures du matin, ça ne les effraie pas. Beaucoup traînent leur misère. Il n'y a pas d'heures pour eux quand ils ont trouvé ce qu'ils cherchent avant tout : des oreilles et des cœurs.

Dans une ambiance que j'aime, ça discute sec par-dessus ma pile de lettres que je dépouille et auxquelles je réponds, tout en participant à la discussion.

Éric m'appelle par la fenêtre. Je sors. Je vois une vieille femme, un couteau à la main. Elle dégage une odeur répugnante. Ses yeux hagards semblent chercher quelque chose ou quelqu'un. Elle parle enfin : « Je me suis égarée. Pouvez-vous m'aider à retrouver ma rue ? » Je lui demande pourquoi elle porte un couteau. « C'est pour me défendre ! » répond-elle. Je comprends mal et l'invite à venir boire un café. Elle monte lentement les marches, en s'appuyant sur le bras tatoué d'Éric. Elle entre. Elle boit une tasse, puis une autre et participe à la discussion dont elle devient très vite le centre, malgré l'incohérence de ses propos. Cette phrase revient de temps à autre : « Je ne sais plus le numéro de la rue où j'habite. » Elle tient toujours son couteau serré contre elle, bien qu'elle trouve les jeunes de la permanence très polis et très gentils. Elle ne se rend manifestement pas compte de l'endroit où elle est, ni avec qui elle devise en toute tranquillité. Les agresseurs potentiels sont manifestement très loin d'ici...

« Tu veux qu'on t'aide à retrouver ton adresse ? » Elle y consent, en me donnant le nom d'une rue du quartier. Je l'embarque dans ma voiture. Quatre mecs l'accompagnent. Elle nous fait tourner une heure dans le XIXe... Amnésique, elle ne reconnaît plus rien. Par contre, l'atmosphère chaleureuse de la voiture avec « Supertramp » comme musique de fond lui plaît manifestement. « Je t'emmène au commissariat », lui dis-je. — « Ah non ! Je ne veux pas y aller. » Un mec futé répond : « Bon, d'accord, alors on t'emmène chez nos amis. » J'apprécie l'humour et, sans un mot, me dirige aussitôt vers le commissariat le plus proche. Les policiers de garde se figent quand ils voient quatre loulous débarquer de ma voiture en compagnie d'une grand-mère. Le couteau à la main, elle avance vers les flics interloqués. Rapide discussion, puis ils la désarment. Elle se laisse faire. « Ces jeunes gens ont été très gentils, dit-elle. Ils m'ont évité de mauvaises rencontres. » Je vois le chef de poste hausser les épaules en souriant et disparaître avec elle dans le poste de police.

En voyant ce corps allongé entre deux voitures, je me suis arrêté. Une femme, couverte de sang. Il a fallu un bon bout de temps pour l'apprivoiser. Elle avait été tabassée par son mari, et elle ne comprenait pas qu'on puisse s'intéresser à son sort. Enfin on l'a aidée à monter dans ma voiture, direction le commissariat. Heureusement que ce sont des policiers différents à chaque fois, sinon ils pourraient croire à une concurrence déloyale de notre part...

Nous passons en voiture dans une rue sombre, quand des cris s'élèvent sous une porte cochère. J'interroge des yeux les trois mecs qui m'accompagnent. L'un d'eux a déjà la main sur la portière. Je m'arrête. On sort de la voiture. Nous faisons assez de bruit pour attirer l'attention. J'empêche toutefois mes gars d'avancer. Bons Samaritains, oui ! Dissuasifs, sans problème ! Mais je ne peux les engager dans une sale histoire. Un homme s'approche. « Foutez le camp d'ici. Ça vous regarde pas. » Je m'avance un peu sans rien dire. Les mecs derrière ont l'air suffisamment impressionnants pour qu'on voie, dans les secondes qui suivent, deux adultes filer à toute vitesse. Une femme aux vêtements en lambeaux sanglote dans un coin sombre. Elle n'avait pas été violée. Mais il était temps. On l'a conduite tout près d'un commissariat, en refusant toutefois de l'accompagner. Je n'avais pas envie, avec mes trois lascars au lourd passé, de passer la nuit à déposer, redéposer et (qui sait !) être confrontés avec la victime. Je connais trop l'adage policier : premiers témoins, premiers suspects. Elle l'avait échappé belle, c'était l'essentiel.

Ces jeunes qui jouent aux bons Samaritains ne sont pas des saints. Je le sais. Mais dans une ambiance chaleureuse où ils se sentent aimés, ils sont capables de poser des actes d'amour. De ces actes qui se font rares dans un Paris où l'indifférence est reine.

La voie de la sainteté passe par la violence de l'Amour. Ces trois faits vécus avec eux, et bien d'autres encore, me font voir qu'ils peuvent en être, par moments, les prophètes.

Boîte de nuit et curé d'Ars

« Ça va saigner ce soir ! »

C'est ainsi que les jeunes dont j'ai la charge me prévenaient qu'ils sortiraient tous ensemble en boîte. Je savais que leur désir de violence, et donc d'en découdre avec n'importe qui, passait ce soir-là par l'alcool et la musique. Un cocktail explosif ! Chaque fin de bal se terminait en effet par des visages ensanglantés pour eux et, pour moi, la tâche d'aller les chercher au commissariat ou de les visiter en prison.

Un jour j'ai décidé de partir avec eux. Mais j'ai imposé mes conditions : « Je paie les consommations. Mais un alcool chacun, pas plus ! — OK », me jette la bande, ravie de m'avoir avec elle, mais ravie aussi de ne rien payer.

Cette « première » fut difficile. Je n'aime pas qu'on triche. Les conditions, au départ, étaient claires. J'ai dû intervenir. Par exemple, jeter le double whisky que Michel s'était fait servir en douce. J'ai cru qu'il allait me sauter à la gorge. Mais j'ai fait front. « La parole, c'est la parole. » J'ai appris dans la rue qu'elle est un quasi-sacrement.

En boîte, je les regarde danser... Ma présence les réjouit. Bien sûr, ils m'invitent à danser moi aussi. J'y consens, une seule fois, à chaque virée. « Curé, m'a dit un mec après une sortie nocturne, je crois en toi parce que je t'ai vu danser au milieu de nous. »

Un jour même, à peine entré dans une boîte, alors que les jeunes m'avaient dit en riant que j'étais un vieux croûton, qu'aucune fille ne m'inviterait à danser, je me vois sollicité par la jolie tenancière des lieux, pour quelques pas de danse. Je reverrai longtemps leur tête quand, juste installés autour d'une table et me cherchant, ils me découvrent déjà sur la piste. J'ai eu droit ce soir-là à une ovation.

Mais ma place n'est pas sur la piste. Elle est dans le coin où je reste assis, veillant au grain et priant silencieusement. J'ai constaté que jamais quand je sors avec eux, ils n'ont commis un seul acte de violence. Mieux même, ils me disent joyeusement à la sortie : « C'était super chouette. On s'est bien éclaté. »

Quand je me souviens de leurs certitudes d'avant, quand ils meublaient leur solitude nocturne de plaies et de bosses, je ne peux que remercier Dieu en silence d'être, au milieu d'eux, celui qui apporte la paix.

Au dernier camp de ski, nous nous sommes tous retrouvés dans une boîte de nuit de la station de neige. Assis toujours en retrait, je méditais sur les diatribes du curé d'Ars sur les bals de son temps. Et je priais malicieusement mon saint patron de veiller sur mes ouailles qui s'ébattaient joyeusement sur la piste illuminée. Je suis certain qu'il ne trouvait pas déplacée ma présence dans ces lieux. Être aujourd'hui prêtre parmi les loubards, c'est être là où ils sont. Amener la paix et la joie là où ces jeunes trimballaient auparavant la violence et la haine, c'est avoir la certitude que, dans ma mission particulière, le rendez-vous avec l'Évangile passe aussi parfois par une boîte de nuit.

Prendre le temps de les aimer

C'était le déluge. L'homme conduisait lentement. Lorsque, soudain, il le vit. Il était appuyé contre un réverbère, trempé jusqu'aux os. Étonné de voir ainsi ce grand adolescent, qu'il reconnut aussitôt, planté là, à cinquante mètres de chez lui, il stoppa net sa voiture. Il baissa la glace et lui cria : « Tu ne t'abrites pas ? » Devant le silence qui suivit, inquiétant, il descendit. « Je te raccompagne chez toi. Monte. » — « Je n'ai plus de chez moi », répondit le jeune homme. Il insiste. Nouveau refus : « Je vous le répète. Je n'ai rien à faire dans cette maison. Pour mes parents, y a que le fric qui compte. Ces gens-là, ils ne m'ont jamais aimé. Laissez-moi. »

L'homme monta dans sa voiture, ne sachant que faire, stupéfait de cette révélation et de la brutalité des réponses du jeune homme. Il connaissait bien cette famille riche et estimée.

Jamais il ne se serait douté du drame qui s'y jouait.

Trois jours plus tard il apprit que l'adolescent s'était pendu.

Je garde précieusement les photos d'adolescents et d'adolescentes partis brutalement vers le royaume du Père. Je recevais, il y a une semaine, la photo de Madeleine. Ses parents me faisaient part de son suicide. Ils n'y comprenaient rien et cherchaient désespérément la raison de ce plongeon silencieux dans la mort. Aucun papier qui donnerait une raison, jetterait un dernier cri. Rien. Il n'y a pas de plus dure épreuve pour les parents. Un accident de voiture, tout terrible qu'il soit, s'explique. Mais en pleine force et en pleine jeunesse, de tels suicides sans aucune explication, c'est pour des parents un long cauchemar qui commence.

Certains d'entre eux m'écrivent, sachant que je correspondais avec le ou la disparue. Des attitudes ou des réflexions leur reviennent. « Où pourrai-je trouver le " Mode d'emploi du suicide " ? » avait lancé un jour le garçon, à table, en finissant son bifteck. Ils avaient trouvé la question idiote, le lui avaient dit et étaient passé au fromage en parlant de la pluie et du beau temps.

Peu à peu, le père et la mère ne pensent qu'à ça : reconstituer le lent calvaire de leur enfant.

C'est terrible de lire ces phrases : « Il avait besoin de plus d'amour que les autres. On le savait. Mais pris par le temps, le travail et tant de choses qui nous paraissent maintenant insignifiantes, on n'a pas répondu à ses demandes, à ses gestes, on n'a pas compris qu'il implorait qu'on prenne du temps pour lui. » Ou bien encore : « Elle était sans cesse en opposition. On réagissait durement, sans comprendre que par cette attitude de refus elle implorait douceur, silence aimant, dialogue. Qu'il ne fallait surtout pas répondre, comme nous le faisions : “ Tais-toi. ” “Tu nous soûles. ” “ Arrête d'être contre tout. ” “ Si t'es pas contente, la porte est ouverte. ” »

Elles sont étonnamment contrastées, ces lettres d'adolescents(es) qui m'écrivent de partout. « J'ai tout chez moi, sauf l'amour. » « Je suis dans une famille aisée. Mais je ne suis pas vraiment aimé. » « J'en ai marre de les entendre gueuler du matin au soir. » « Mes vieux s'aiment beaucoup. Leur amour me réchauffe. » « A mes vieux, je dois tout. »

Ce qui est très beau, c'est qu'à chaque lettre où un jeune me parle du bain d'amour familial où il trempe, il y a presque toujours après : « J'aimerais aimer et aider les autres. »

Quant à ceux et celles qui crient leur manque d'amour, il n'y a rien d'autre qu'un appel : « Aime-moi. » « Me laisse pas seul. » « Écoute-moi. »

Jamais les jeunes d'aujourd'hui n'ont eu autant besoin d'adultes aimants, dialoguant et capables de laisser tout sur-le-champ quand ils sentent que le regard ou la question de l'enfant nécessite d'être là et le temps qu'il faut.

Arnaud, violent et agressif, dont j'avais la charge, arrive un jour à la permanence. Il naviguait entre des parents qui le rejetaient depuis toujours et notre équipe qui le recevait avec l'appréhension de devoir subir à chaque fois ses assauts. Ce jour-là, j'étais vidé, j'allais partir me reposer. Il arrive et il veut me parler. Comme d'habitude, je sais que j'en ai pour une heure d'agression verbale. Excédé, je lui réponds que j'ai pas le temps, que je suis crevé, qu'on se verra plus tard. Et je lui demande s'il a besoin d'argent. « Oui », me dit-il. Je lui tends cinquante francs. Il les prend et les jette par terre. « Ton fric, j'en ai rien à foutre. Je veux te parler. » Je rentre dans mon bureau, furieux, et je lui dis : « OK, cinq minutes. »

Deux heures après, on y était encore. Il m'a sorti tout, sa haine des autres, ses angoisses, l'épreuve terrible de rechercher une étincelle d'amour chez ses parents qui, systématiquement, le foutent dehors.

Rasséréné après ce flot de paroles, il a tiré de

sa poche une liasse de billets. « Tu vois, Guy, c'est pas de fric que j'avais besoin. Jamais on n'avait autant discuté. Ça m'a fait vachement du bien. »

Quand, à la porte, je l'ai vu s'éloigner avec un dernier geste et un grand sourire, je me suis senti débarrassé mystérieusement de toute trace de fatigue.

Je n'ai jamais oublié ce moment. Jamais. Prendre le temps d'aimer, d'écouter, est ce qui fait ma vie et celle de mes équipiers. Vie suicidaire si on ne prend pas impérieusement du temps pour soi. Mais quand on est là, ils ne nous pardonnent pas de ne pas être ceux et celles qui doivent être des écoutants et des aimants.

On ne saura jamais assez, face à la fragilité des adolescents, combien ils ont besoin de cœurs et d'oreilles. Cœurs et oreilles qui leur donneront la joie de vivre.

Mort d'overdose

En montant l'escalier conduisant à cette fameuse morgue du quai de la Rapée, à Paris, j'ai entendu son hurlement. Elle avait déjà vu son fils dans le cercueil. Je m'avance vers elle. Elle me prend la main et, soudain calmée, revient se pencher sur le visage de William. « Regardez, il sourit. » C'était vrai. La dernière injection d'héroïne, il savait qu'elle était mortelle.

Il souffrait trop, depuis des années. En six ans, je l'avais le plus souvent rencontré en prison alors qu'il habitait à quelques pas de chez moi. Quand il était dehors, il passait rarement me voir. Ses yeux bleus, magnifiques, étaient effrayants. Des yeux de mort, hagards et perdus dans un rêve entretenu par la pieuvre mortelle que des copains lui avaient proposée et dont, depuis des années, il ne pouvait plus se passer. En prison, je retrouvais le William sympathique, ouvert, délicat, qui me regardait en face. Il me jurait qu'en sortant, les cachets, l'héroïne, c'était fini. Il sortait, et replongeait dans sa drogue presque immédiatement. Pourtant, issu d'une famille sans problèmes, il aurait pu naturellement cultiver ses talents d'artiste.

Patricia, une splendide et fraîche Bretonne de vingt ans, celle qu'il aimait, combattait depuis des mois avec lui pour le débarrasser de leur ennemi mortel. Venue de sa lointaine province, elle ignorait tout de Paris et de ses pièges. Très éprise de William, elle avait vite compris que c'était l'héroïne ou elle. Elle avait, jusqu'au bout, cru que leur amour vaincrait. Il m'avait appelé plusieurs fois au secours.

Tous les deux étaient venus me voir. Paniqué, William voulait s'en sortir. Patricia le suivait partout, même parfois chez le dealer, sans bien comprendre que c'était là que tout se jouait et qu'elle n'était plus rien. J'avais, juste après Noël, envoyé William trois mois chez un couple ami. Il en était revenu radieux, transformé : « C'est fini, m'avait-il dit, cette fois j'en suis sorti. »

Un mois plus tard, c'est son sourire qui, par-delà la mort, me disait que l'épreuve était finie mais… d'une autre manière.

Dans l'église, je vois tout de suite deux

groupes : la famille, les amis et, en retrait, une quinzaine de jeunes Ce sont les copains de William. Tous drogués, donc un peu dealers. Certains semblent hagards, déjà. Ils ont dû, avant de subir l'épreuve de l'enterrement, s'inoculer la dose de rêve qui les fera tenir de l'église au cimetière.

Il me faut leur parler à eux aussi. Exercice périlleux. Se faire entendre des parents dépassés, paniqués par cette mort injuste, et de ceux qui en sont les complices sans le vouloir vraiment, c'est dingue.

Mon adjoint, à la sortie de l'église m'a dit : « J'aurais pas voulu être à ta place pour dire, face à ceux qui étaient là, l'espoir que tu as voulu envers et contre tout affirmer. »

Je me retrouve dans le fourgon mortuaire, avec trois femmes, à côté du cercueil. J'ai enterré deux de leurs fils et le mari de la troisième. Elles parlent.

La mère de William : « C'était peut-être mieux comme ça. On n'en pouvait plus à la maison. Mon mari ne le supportait plus. C'était des disputes continuelles. Moi, je donnais de l'argent. Il me menaçait ou menaçait d'attaquer n'importe qui. Que devais-je faire ? »

La mère de Jean-Claude : « Je vais voir au cimetière mon Jean-Claude deux fois par semaine. Je ne me remets pas de son départ. Il me fait autant souffrir mort que vivant. » La femme de Marco : « Mes enfants n'ont rien su. Ils adoraient leur père. Je suis seule pour les élever. Mais, seule, j'arrive mieux qu'avec Marco. Il me bouffait tout : énergie, force, fric et temps. »

On arrive au cimetière. Je bénis le cercueil. Chacun fait descendre dans la tombe une rose et tous fuient vite. Cette mort est incompréhensible pour la plupart, et effrayante pour le petit groupe de jeunes qui la provoque autant qu'il la craint. Je regarde le nom de William gravé sur le cercueil, et reviens dix-huit heures en arrière ; j'étais dans la ferme de Haute-Provence d'où je suis parti la veille au soir pour être là. Je revois le geste précis et magnifique de grâce de Tonio, faisant téter le petit veau né trois semaines après Noël. Il y a un an, à quinze ans, il était drogué au point de ne plus tenir debout ; le juge d'enfants me l'avait confié. Les premiers jours, il tombait avec la pioche dans le trou qu'il creusait ou se retrouvait les quatre fers en l'air, entraîné par la botte de foin qu'il balançait du grenier, trois mètres plus bas.

Si William est mort, Tonio vit. Tous ceux

qui, en France, s'attaquent aux racines de ce chancre mortel de la drogue savent la difficulté du combat. Tonio reste l'espoir que j'ai affirmé dans l'église.

Direction Québec

Ils arrivent enfin ! Les cinq jeunes Québécois qui devaient nous rejoindre dans la Bergerie de Provence pour y vivre trois semaines, sont là. Des allures de bûcherons, certains athlétiques, ils dépassent d'une tête, du haut de leurs seize ans, nos jeunes du même âge. Ils respirent la santé. Je les invite tout de suite à m'aider à nourrir les sangliers. C'est ma tâche et je l'aime. J'adore ces bêtes sauvages et j'aime aussi, parce que leurs auges sont répugnantes, les nettoyer. Le chef, à mon avis, se doit de s'occuper du fumier. Une façon radicale de se dire : « Toi qui es au plus haut, tremper les mains dans la merde t'aidera à descendre de ton piédestal. »

Nous voilà donc tous les six en train de régaler ces charmantes bestioles, salués par leurs grognements stridents. Elles bâfrent comme des porcs (cela va de soi !) et salissent en cinq minutes ce qu'on a nettoyé en vingt !

« C'est comme dans *Astérix et Obélix* », dit Christian qui n'avait jamais vu encore de sangliers.

Les Québécois sont tout de suite de plain-pied avec notre histoire (qui est la leur aussi !).

Il vont partager très vite toutes nos tâches... Christian attaque un arbre à la hache, puis il le débite à la vitesse d'une tronçonneuse. Martin, un géant (il a la coquetterie de nous signaler qu'il a la taille du plus grand perturbateur que le Québec ait jamais reçu : Charles de Gaulle !), Martin, donc, a une passion pour l'âne, le shetland, le bouc et le bélier. Voir ce Rambo nourrir avec tendresse ces bêtes est un spectacle pittoresque. Guy, lui, ornithologue distingué, donne beaucoup de temps aux pigeons, avec la minutie et la rigueur qui le caractérisent. Patrick promène sa silhouette dégingandée partout où l'on a besoin de lui. Tony, lui, est partout. Son rire sonore et clair net un entrain fou. Il parle déjà de revenir plusieurs mois pour continuer ce séjour trop bref à son goût.

Premier moment d'humour ! Nos Québécois avaient travaillé dur, notamment en faisant du désherbage, pour se payer en grande partie leurs vacances en France. Le lendemain de leur arrivée, à l'heure de la répartition des tâches, quand le chef de la communauté a annoncé que la tâche prioritaire était de désherber le jardin, j'ai vu une lueur étrange dans leur regard.

Se payer ses futurs loisirs français en travaillant dur au désherbage pour arriver sur le lieu des vacances... pour désherber n'est absolument pas évident ! Ils nous mirent au parfum... en riant, désherbèrent quand même, mais ne firent pas que cela. Tout en partageant les servitudes de la ferme (cinq heures par jour) avec notre communauté, ils se risquèrent à faire de la varappe dans les gorges du Verdon, se promenèrent à cheval avec nos gars, se baignèrent dans des lacs presque aussi glacés que ceux de leur pays, visitèrent la Côte d'Azur. Et, bien sûr... ce grand moment commun se termina à Paris par la visite de la tour Eiffel... — visite suivie d'un gueuleton très gaulois. C'était le repas de fin d'aventures... comme dans Astérix et Obélix !...

Pour nous, Français, une autre aventure débutait quand nous montâmes dans le DC 10 qui s'envolait pour le Québec.

Après un accueil cordial à l'aéroport de Mirabel et quelques jours à Boscoville aux abords de Montréal, c'est le départ pour vivre en pleine forêt... Un sac à dos, une tente et de la nourriture pour quelques jours, quel meilleur moyen de sentir battre le cœur d'un pays aussi beau ! Le vieux chalet perdu dans un océan d'érables et de sapins servait de refuge. Tout en bois avec un balcon, hanté par des porcs-épics qui venaient parfois le ronger la nuit. Il faisait bon s'y terrer quand le soir tombait. La lueur d'une magnifique aurore boréale nous rappela, à trois heures du matin, que le pôle Nord était proche.

En fin de camp, lors de la visite de Montréal, nous ne cherchions pas de tour Eiffel. L'accueil somptueux de nos hôtes suffisait à éclairer un séjour finissant de la plus belle lumière qui soit.

Savoir accueillir, faire plaisir, être fier de ce qu'on est : ces qualités québecquoises s'épanouissent dans un climat de liberté.

C'est notre premier camp international avec des jeunes en difficulté d'un autre pays. Après quinze ans de travail acharné pour construire la Bergerie de Provence, il est temps de partir chercher ailleurs et de partager le parfum de ce que les autres ont de meilleur.

Chaque été, la fête de l'amitié, à Faucon, rassemble une foule d'amis. La pièce montée par les jeunes des deux nations se terminait sous les applaudissements. Tony alors a pris le micro et, après quelques mots chaleureux et bien sentis, m'a drapé dans l'étoffe de leur drapeau fait de lys et d'azur.

Oui, nous sommes tombés en amour avec le Québec.

De la Provence au Ksar du désert

Enfin seul ! Cette rencontre des jeunes de la Bergerie provençale avec nos amis algériens s'achève en plein désert dans l'oasis de Béni Abbès.

J'ai quitté le groupe pour prier dans les ruines de l'ancienne ville fortifiée appelée Ksar. Elle est entourée de palmiers. Le soleil couchant l'illumine de la chaleur de ses derniers feux. La vue est splendide. Au loin les dunes de sable d'or se laissent caresser par les ultimes rayons de soleil qui, dans le Sud, semble être pressé de se coucher.

Les muezzins des trois mosquées entonnent la dernière prière du soir à l'instant même où j'ouvre mon bréviaire. Même prière vers Dieu. Même hommage pour la beauté de la création. J'y ajoute une fervente évocation de reconnaissance pour tant de dons reçus sur cette terre d'Algérie.

Les jeunes ont été émerveillés de l'accueil.

J'y étais habitué. Mais au fond je ne m'y habituerai jamais. Ça n'a rien à voir avec notre accueil d'Européen. Quand on apprend fortuitement, après coup, que tous ici s'étaient mobilisés pour nettoyer à fond la seule piscine de l'oasis, on sait qu'on était attendu et aimé. Quand on découvre mille détails, mille gestes pour éviter à l'invité toute fatigue ou pour devancer tout désir, on sait que le musulman est nanti d'une qualité très rare et qui est une des formes les plus hautes de l'amour : l'accueil.

Après que nous eûmes reçu dans notre Bergerie de Provence, durant quinze jours, onze Algériens et Algériennes, nous sommes partis avec eux pour la même durée de séjour, chez eux. J'avais tenu à partir avec eux et nos jeunes en plein Sahara, au cœur du mois d'août. Pari difficile. Les 50° à l'ombre, nous les avons subis. Mais pourquoi ne vouloir connaître quand on visite des pays, au climat torride, que les saisons les plus clémentes ? A Pâques, après les pluies, le désert n'est plus qu'une féerie de fleurs et de prairies verdoyantes, baignées de tiédeur ensoleillée. Quand les nomades se plaisent à nous décrire ce paradis printanier, nos regards incrédules ne peuvent que se perdre à perte de vue sur un océan de sable et de roches, piqué par quelques arbustes rabougris qu'on croit morts ou mourants !

La piscine, bien sûr, fut le moment clé de chaque journée. L'eau délicieusement fraîche jaillissait à flots. Pas de chlore, ni d'eau de Javel. De la pure eau de source, qui débouchant d'une roche, emplissait la piscine. L'eau s'enfouissait ensuite au milieu des palmiers et des jardins. On pouvait boire une tasse sans crainte. Une occasion de plus de vivre le rêve de tout citadin européen : boire sans souci à toute source. Cueillir des dattes à même l'arbre autour de la piscine était aussi une joie dont aucun d'entre nous ne s'est privé.

Par petits groupes nous étions éparpillés dans quatre familles. Repas pris ensemble assis par terre sur des tapis. Un seul plat où chacun pique et mange. Le couscous traditionnel et les mets que nos hôtes nous avaient vus préférer, revenaient pour la plus grande joie de nos estomacs.

Nous avons assisté à deux mariages. Moments très beaux et très curieux, vécus dans la plus pure tradition du Sud. Je garde en mémoire le couscous servi sur une immense terrasse en plein ciel. Par petits groupes, autour d'une table basse nous avons mangé. Et puis de vieux chibanis sont arrivés. L'un d'entre eux, aveugle et octogénaire, s'avance, respectueusement aidé dans sa marche dans les ténèbres, par un jeune invité. Ils dégustent le repas, lentement. Le couscous terminé, brusquement une voix puissante jaillit de ce groupe vénérable. Elle psalmodie des versets du Coran appelant la bénédiction de Dieu sur le couple et les convives. Le silence est troué seulement par la voix éraillée de l'aveugle qui donne, je crois, des intentions de prières. La puissance de la prière commune reprend sous la voûte étoilée. Un grand moment. Je regarde le ciel. Communion parfaite entre Dieu et sa créature. Les youyous des femmes, un peu en contrebas, me font revenir sur terre. Personne ne peut se sentir étranger à une telle scène qui donne à cette fête de joie et d'amour une lumière spirituelle inégalable.

A noter aussi, la présence discrète et très pure pendant tout notre voyage des quatre filles algériennes, Yasmina, Anissa, Baya et Saliha. Elles ont apporté, notamment durant l'échange des quinze jours en France, à la Bergerie, une étonnante présence contrastant avec la rudesse et le manque de barrières verbales de nos gars et filles. Il leur a fallu mettre des bémols à leur langage souvent violent. J'ai noté que leurs expressions ordurières habituelles se faisaient rares. Ces quatre filles leur imposaient le respect des mots.

J'avoue moi-même, baignant dans le parler loubard habituel et qui le manie allégrement, avoir biffé moult expressions que ma passion de ces jeunes m'entraîne à utiliser.

La remontée vers le nord de l'Algérie après le désert et les insondables méditations qu'il suscite fut l'apothéose du voyage. Les jeunes de Lakhdaria nous ont montré la puissance et la force de la jeunesse algérienne. Une débrouillardise hors pair et une efficacité qu'on leur a enviées nous ont aidés à vivre une fin de séjour inoubliable. Le père Louis, curé de Lakhdaria, effacé et rassembleur, a été la cheville ouvrière de cet échange des deux côtés de la Méditerranée. Sa présence porteuse de valeurs évangéliques et infiniment respectueuse du monde musulman où il s'est enfoui, est signe et témoignage.

Sur le bateau du retour, je regarde cette terre que j'aime tant, s'éloigner peu à peu. Reviennent pour moi deux moments essentiels :

A deux heures du matin, nous étions montés, Moulay et moi sur la dune dominant le désert qui dormait sous la lumière tamisée de la pleine lune. Entrecoupée de silences absolus, envoûtants, notre discussion nous a naturellement entraînés à parler des valeurs respectives de l'islam et du christianisme. Aucune surenchère, aucun désir d'amener l'autre sur son terrain. Mais, au contraire, une recherche fraternelle et spirituelle consistant à passer un moment chez l'autre et à admirer avec lui les lumières de son Livre Saint.

J'ai tenu le lendemain à célébrer l'Eucharistie dans le creux d'une dune surplombant l'Erg oriental, assis à même le sable. Quelques loubards avaient voulu être là. Je voyais les tatouages sur le bras d'Alain, assis à côté de moi. Ils criaient la mort, le suicide et la haine. Mais ce n'était plus que des tatouages. Nous avions découvert lors de ce mois d'échanges, un Alain radicalement différent. De bloqué et taciturne qu'il était, il riait maintenant et était intarissable. En levant la coupe du précieux sang, je remerciais Dieu d'avoir, par l'entremise de nos frères et sœurs musulmans, redonné la vie et l'espérance à un jeune qui s'était fait tatouer l'image suicidaire d'une tombe entrouverte avec son nom et prénom sur la pierre tombale. La messe finie, je nettoyais la tasse me servant de calice et l'emplissais de sable. Halim, le responsable du groupe d'Algériens, qui avait assisté de loin avec ses frères à notre plus grande prière, s'est avancé. Il a pris délicatement la tasse de mes mains et l'a renversée. Puis il l'a remplie à nouveau : « C'est le sable de l'amitié, Guy. Je te le donne. Garde-le en souvenir. — Ne t'inquiète pas, Halim, nous n'oublierons jamais. »

C'est à Jacky (un de nos gars) que je laisse le soin de terminer ce compte rendu. Au cours de la fête finale qui réunissait les familles algériennes qui avaient accueilli les jeunes de France, nous avons échangé nos points de vue sur cette rencontre.

Ahmed, Halim, Mohamed et moi-même avons été, comme il se doit, en tant que responsables, longs comme des jours sans pain, dans nos discours respectifs ! Jacky brusquement demande la parole et conclut : « Au nom de tous les gars et les filles de France, merci pour votre accueil. Et surtout merci pour votre confiance. C'est tout ce que j'ai à dire. »

Ce que nous responsables avions mis tant de temps à délayer, Jacky le concisait magnifiquement et... loubardement.

« Il est de toi, mon fils »

Je passais dans la ville. Ça jasait dur dans les chaumières. Il n'y avait pas de mots assez cruels pour juger cette femme qui avait tué ses trois petits, juste après leur naissance. Un commerce exigeant, quatre enfants à élever. Elle trouvait trop dur d'avoir d'autres marmots. Alors, après un accouchement clandestin, elle les avait enterrés l'un après l'autre dans son jardin. L'horreur s'étalait dans tous les journaux.

Un soir, dans un bar, en regardant les visages des hommes et des femmes qui s'acharnaient sur la malheureuse, je me disais : « Combien d'entre eux ont accepté, avec juste un peu de réticence, ou sans grands remords, l'avortement ? » Sans doute plusieurs. Mais pour eux et elles, ce n'était pas un meurtre. La loi est là pour légaliser maintenant le passage de la vie du ventre d'une femme au vide-ordures d'un hôpital.

L'opinion majoritaire étant reine, beaucoup s'appuient sur elle pour penser que la morale est sauve. Quelle différence pourtant entre un fœtus de trois mois et un fœtus de neuf mois ?

L'autre jour, on m'a traité d'assassin parce que je maintenais la position de l'Église sur l'avortement. Cette position sacrée, qui consiste à sauver l'homme et l'espèce humaine, est jugée conservatrice et, ce jour-là, paradoxalement... meurtrière.

Le respect de la vie est défendu par une minorité. Je suis sûr qu'elle gagnera. Ce n'est pas ce qui est décidé par le plus grand nombre, même sous forme de loi, qui doit être approuvé. C'est le respect de la vie, de toute vie, qui doit nous faire réfléchir et emporter notre décision, si dure soit-elle.

J'aime dans mon quartier me baigner dans le regard qui grandit de plusieurs enfants.

Face à l'avortement présenté comme le dernier recours d'un couple vivant dans la misère, j'ai retroussé mes manches et celles de mes amis pour trouver un appartement convenable et un travail. Moyennant quoi, comme me dit Jeanne : « Il est de toi, mon fils ! »

Ce fils n'a pas mes yeux ni mon caractère. Mais il aura quelque chose de mon cœur, quand on lui dira un jour que je lui ai donné la vie.

C'est la minorité, si petite soit-elle, des champions de la vie, des combattants de la dignité humaine, qui gagnera. Parce que Dieu est au cœur de leur combat.

Un enfant va naître

Je l'ai trouvée errante une nuit dans Paris. A quinze ans, timide, voûtée, Martine avait un air meurtri qui fendait l'âme. Les mecs, au début, n'ont pas fait attention à elle. Quelques réflexions seulement sur le cocard énorme qui lui assombrissait l'œil. Elle restait dans son coin. Moi seul savais ses nuits d'enfer à la suite d'une dernière fugue. Le hasard des rues qui l'avait jetée au milieu d'une bande de jeunes qui lui offrit gîte et couvert à condition qu'elle les repaisse de tendresse. Cette tendresse-là ne fut que violence. Ivre de coups et de sexes en forme de couteaux, elle prit la fuite.

Elle passa deux mois dans notre communauté sans dire un mot. Les jeunes, intimidés par tant de silence et de misère rentrée, n'osaient pas lui parler. Et puis un jour, son mot glissé sous ma porte : « Je suis enceinte de cinq mois. » Elle me l'écrivait d'abord, tant elle avait peur de le dire. Je ne pouvais rien faire d'autre que de l'embrasser sur les deux joues et lui dire : « Eh bien, c'est merveilleux ! »

Je l'annonçai aux mecs le soir à table. Martine, les yeux baissés, attendait. Le silence solennel qui suivit fut la première réponse. Mille autres suivirent : « Pas question de travailler au fumier. » « Laisse ce seau, je te le porte. » « Tu fumes trop, c'est pas bon pour ton marmot. »

Elle répondait toujours par un sourire. Elle veut accoucher au milieu d'eux. Les mêmes que ceux qui l'ont salie. Les mêmes à qui on a volé l'enfance. Les mêmes qui cherchent et trouvent enfin l'enfance qu'ils n'ont jamais eue. Les mêmes qui pensaient auparavant que la vie ne pouvait pas être faite d'autre chose que de rejet, de violence et de haine. Les mêmes qui comptent maintenant les semaines qui les séparent de l'arrivée du petit de Martine.

Les mal-aimés, qui ont appris à aimer, s'apprêtent tous à foncer en chœur à la maternité le jour où la vie jaillira.

Martine m'avait demandé d'assister à l'accouchement. C'était une première pour moi. Je ne savais pas si je devais accepter. Je n'ai pas eu la possibilité de choisir : Angèle, en effet, est arrivée trois semaines avant l'heure. Pressée sans doute de découvrir enfin toutes ces ondes d'amour qui lui parvenaient dans le ventre de Martine.

Je bondis le lendemain pour féliciter Martine et connaître Angèle. Tous les mecs déjà s'étaient précipités vers la couveuse où Angèle prenait les forces que sa hâte d'arriver ne lui avait pas encore données.

A leur arrivée à la Bergerie, ce fut très beau de voir tant de têtes loubardes penchées sur le berceau et ces mains tatouées se disputant l'honneur de soulever Angèle.

Ses pleurs avant la tétée provoquent toujours un grand silence. Ces jeunes rudes, batailleurs et à la voix forte, se taisent d'instinct devant ces petits cris, inhabituels dans leur lieu de vie. La voix d'Angèle les appelle à la tendresse et, sans doute, au souvenir si lointain où des mains de père et de mère oubliaient de les caresser, quand elles ne les brutalisaient pas. L'un d'entre eux, notamment, est d'une douceur étonnante avec Angèle. Sans doute se remémore-t-il le drame terrible de sa mère se jetant du quatrième étage en le tenant serré dans ses bras. Elle est morte sur le coup. Lui, a roulé sur la pelouse où on l'a retrouvé, indemne.

Chaque mec donne à Martine des conseils

éclairés. Heureusement qu'une femme veille au grain pour que Martine ne fasse pas goûter à Angèle les différents laits dont la ferme regorge actuellement. En effet, dix brebis, sept chevreaux sont nés trois jours avant l'arrivée d'Angèle. Un veau va mettre le nez à la fenêtre, incessamment. Joe, la jument, montre des signes évidents de la prochaine arrivée de son poulain. Et sept petits marcassins ont déboulé dans la neige.

Martine, qui a tant souffert mais qui se sent tellement aimée, a les yeux et la douceur de toute mère avec, en plus, cette tristesse qui marque parfois son visage d'adolescente. On n'efface pas du jour au lendemain quinze ans de rejet et d'errance, d'échecs et de fugues de multiples centres. Le juge d'enfants lui a envoyé un mot très affectueux. Et la DDASS qui, depuis six mois, nous inonde de paperasses sans un seul dollar de prise en charge à l'appui, accélère le déblocage des finances.

A la réunion mensuelle, où chacun vide son sac (éducateurs compris) et écoute la correction fraternelle des autres (éducateurs toujours compris), Martine était au bout de la table avec Angèle dans les bras. Martine ayant dit ce qu'elle avait à dire, j'ai demandé ensuite à Angèle si elle avait été sage ! Elle devait dormir car elle n'a rien répondu. Martine a parlé à sa place.

Par contre, quand on est passé au vote final où je demandais à toute la communauté son avis pour que nous acceptions, ou offrions à d'autres, un tracteur offert pour nous lors de l'émission « Lahaye d'honneur », Angèle s'est manifestée.

Les mecs et les filles, à l'unanimité, levèrent la main pour offrir le tracteur à plus pauvres qu'eux. Et ils éclatèrent de rire. Steff, me montrant Angèle, me dit : « Regarde, elle est d'accord, elle aussi ! »

En effet, Angèle, sortie de son sommeil, levait ses deux menottes en l'air.

Et si la gratuité existait..

Cette lettre de l'aumônier de prison me fait mal. Lettre fraternelle, mais dans laquelle le prêtre me conseille de ne pas révéler aux prisonniers le montant de mes droits d'auteur, que je verse intégralement aux jeunes que je sers. Le prêtre notait pour moi quelques réactions, après mon passage dans la prison où j'avais visité une cinquantaine de détenus. J'avais pourtant échangé avec eux très fraternellement pendant deux heures. « Son passage dans la ville, de toute façon, c'est de la pub pour ses bouquins. » « Il dit qu'il donne tout aux jeunes dont il s'occupe. Il doit bien en mettre à gauche. » « Et s'il nous file sept mille francs de quêtes collectées pour nous, c'est qu'il en a touché beaucoup plus. » Etc.

Cette lettre, à la réflexion, me fait moins mal, quand je médite sur les intentions que je prête aux autres parfois. N'ai-je pas été surpris par mes jugements tout faits, mes craintes ou mes suspicions quand j'ai découvert, après coup, des merveilles de gratuité chez les jeunes avec qui je vis ? Philippe m'apporte un jour une petite montre, bien emballée, avec l'étiquette de la bijouterie collée dessus. « Aucun doute, me dis-je, c'est pas le fruit d'un vol. » Et puis je me surprends à penser qu'il a besoin de moi et que, son cadeau, j'aurai à le payer cher, comme d'habitude. Miracle ! Il ne me demande rien ce jour-là et file retrouver sa copine qui l'attendait dehors.

Une des calamités de notre siècle, c'est de vivre dans l'idée que tout est pourri, que la gratuité n'existe pas.

Si d'aventure on nous présente une cause qui paraît belle, noble et digne d'admiration, premier réflexe : on se méfie ! Cette belle apparence cache à coup sûr mensonge ou imposture.

Un certain pourrissement est tel qu'on se méfie de tout et de ce qu'il y a de plus sacré : la famille, l'amour, l'amitié.

Le mariage, ce don mutuel entre deux êtres, s'offrant l'un à l'autre dans la plus belle aventure humaine possible, est évalué selon les critères de la suspicion. « On ne sait jamais... Si l'autre veut sa liberté ou me trompe. » « Pour les gosses ! On a le temps. Il faut profiter de la vie. Et puis la pollution, et puis le chômage... »

« Guy, ne penses-tu pas être récupéré ? » me demande-t-on souvent au cours de mes conférences. Récupéré par qui ? « Eh bien ! Par la société, par l'Église, par la gauche, par la droite... »

Je réponds que je fais tout pour n'être récupéré par personne, sauf par l'Évangile... Et que si je passais mon temps à le craindre, je ne ferais plus rien.

J'ai vu combien de personnes démobilisées car elles se croyaient « utilisées » ou, le grand mot, « récupérées ».

Cette suspicion vis-à-vis de gestes gratuits, de sentiments nobles et d'idéaux purs, déresponsabilise.

On en arrive a penser que le mal ne vient jamais de nous mais des autres. Qu'il est là, qu'il s'impose à nous, que tout est pourri. Je ne suis donc pas responsable. De là à se juger victime de tout et de tous, et notamment de la société, il n'y a qu'un pas vite franchi. Après avoir accusé les flics, les juges, les voisins, son patron, les hommes politiques et je ne sais qui encore, on s'arrête en général essoufflé, avec ces six mots magiques : « C'est la faute à la société. » On peut alors tout se permettre puisqu'on est irresponsable.

Donc, droguons-nous, jouissons de tout sans risque et sans frein, en utilisant l'autre comme objet de sa jouissance. De toute façon, il ne vaut pas plus cher que nous. Qu'est-ce qu'on a à perdre, et pourquoi se gêner ? Et puis, en poussant jusqu'au bout ce nihilisme destructeur, si on se détruit, on a conscience de ne pas détruire grand-chose.

Toute société porte en elle des tares dingues et... des valeurs sûres, belles, admirables.

Beaucoup d'hommes politiques portent en eux une volonté de puissance qui passe par l'écrasement de leurs copains, mais aussi des heures incalculables de don gratuit et de gestion du bien de l'homme.

Tout policier porte des forces de haine et de violence, comme aussi des gestes très beaux de dialogue et de fraternité. Comme chacun de nous...

Pour renverser la vapeur, il nous faut d'urgence happer sans cesse et partout les mille et un gestes gratuits qui peuvent réchauffer une journée entière. Ces gestes, ils pullulent à Paris ou ailleurs.

L'autre jour, paumé dans une lointaine banlieue, je demande mon chemin à un automobiliste. Il me fait signe de le suivre. Après un bon quart d'heure, il me fait signe que je suis arrivé à l'endroit demandé... et il file dans la direction opposée.

« N'ayons pas peur » de l'autre. D'accord,

soyons prudents. Mais ne manquons aucun geste gratuit, aucune occasion de montrer à l'autre qu'il peut compter sur nous, pour rien, par amour gratuit simplement.

Et puis, si notre gratuité est suspectée, regardons-nous. On n'est pas meilleur que l'autre. Le jour où l'on se jugera inférieur à l'autre et où, dans un conflit, on cherchera d'abord en quoi on peut être responsable, on découvrira que nos rapports peuvent être harmonieux, joyeux, pacifiques. Et qu'il fait bon vivre. La douceur de nos matins à la perspective des rencontres et échanges futurs, on la vivra alors comme l'antichambre du royaume de Dieu.

Là où tout est gratuit...

Qu'il est dur le chemin !

Ce Noël à la Bergerie, au milieu de la communauté de jeunes mineurs, s'annonçait excellent. Après un mois de travail sans histoires, sans accrocs, les jeunes se serraient autour de la table de fête pour engloutir un menu simple et copieux dans l'attente de la distribution des cadeaux. Quatre d'entre eux, juste sortis de prison, fêtaient le premier Noël où ils n'avaient pas comme décor un cachot ou une atmosphère de cris et de beuverie familiale se terminant (comme me l'a confié l'un d'eux) par « la mise à la porte, seul dehors, à regarder la fête des autres ».

Deux jours plus tard, les premiers coups de téléphone d'amis affluent. Les radios annonçaient que des « éducateurs » de notre communauté avaient commis une grave agression. Mon équipe et moi-même, atterrés, nous nous interrogeons sur cette annonce incroyable. Mon adjoint de Paris m'appelle. Une radio nationale et un quotidien demandaient des explications. Je démentis immédiatement dans une interview longue et précise qui parut le lendemain dans *Libération :* « Ces quatre jeunes paumés et pris en charge par nous n'avaient jamais rempli la fonction d'éducateur. » Rattraper la boue déversée est impossible ! Je ne pouvais que remonter à la source de l'information et demander immédiatement qu'on rectifie ce qui était mensonger.

Il y a deux ans exactement, accepter de prendre quatre adultes en déroute complète, et les aider au coude à coude (deux d'entre eux pendant huit mois et deux autres pendant trois mois), a été une dure et belle tâche. Tous les quatre ont répondu, chacun à leur façon, à l'aide apportée. Ils avaient besoin d'être tirés d'affaire et dans de nombreux domaines. Trois ont tenté de passer leur permis de conduire. Un seul l'a obtenu. L'un d'entre eux s'occupait des bêtes, travaillait la terre. L'autre s'est investi dans la menuiserie qu'il aimait. Les deux derniers ont donné le coup de main nécessaire aux travaux multiples d'une ferme. Heureux, épanouis, ils s'émerveillaient de la confiance offerte et y répondaient par une attitude fraternelle et constructive qui était pour nous le meilleur garant de leur réinsertion future. Trois ont décidé de partir pour mettre sur pied un projet qui les enthousiasmait : lancer un élevage de lapins dans une vieille maison qui leur avait été confiée. Tous les espoirs étaient permis. Nous leur avons prêté une petite voiture pour qu'ils se lancent dans l'aventure dont ils rêvaient. Ils avaient économisé pour ne pas partir les mains vides. Nous les avons perdus de vue pendant plus d'un an. Malheureusement, les virages pour aller là-bas étaient sans doute bordés de précipices. L'un d'entre eux les a happés... en Bretagne.

Quand nous avons appris, il y a quelques mois, l'inqualifiable agression qu'ils avaient commise, cela a été un véritable choc pour l'équipe. La violence qui les habitait à leur arrivée avait paru s'éteindre au contact de mains fraternelles et fortes qui, sans leur faire de cadeau, les avaient appelés à se responsabiliser pour qu'ils deviennent autonomes. Bien sûr, il va de soi qu'il n'était pas question qu'ils fassent partie en quoi que ce soit de l'équipe d'encadrement. Ils avaient trop de problèmes à régler avec eux-mêmes pour porter la charge des autres. Les titres des articles de journaux les qualifiant « d'éducateurs casseurs, d'éducateurs gangsters » sont une infamie.

Le mal fait est irréparable. Les démentis placés discrètement en pages intérieures le surlendemain ne peuvent effacer le choc déplorable des gros titres du premier jour. Terrible presse qui vend du rapide, du choc, de l'inédit, sans vérifier. Les conséquences sont incalculables. Le lendemain, un de nos anciens, habitant non loin de la communauté, marié et travaillant dur pour son foyer, a été insulté dans un bar par un adulte prétendant que des « éducateurs » avaient agressé une vieille dame, la veille et dans la région...

Presse qui s'acharne sur l'échec de jeunes et qui semble s'en délecter. Leur réussite la laisserait-elle indifférente ? Il est vrai que des gens agressés, volés ou assassinés, ça se compte, ça se sait. Des gens qui ne le seront jamais grâce au travail de fourmi des milliers d'éducateurs de France, ça ne peut se comptabiliser et ça ne se saura jamais. Nous sommes, par notre métier d'éducateurs, aux avant-gardes de tout ce qui touche à la délinquance, donc aptes à recevoir tous les coups et peu d'encouragement. C'est pour cela que je m'acharne à aller de ville en ville pour dire, crier que la prévention est l'affaire de tous. Que toute société a besoin d'éducateurs pour pallier (tout en les dénonçant) ses propres défaillances d'abord, et seconder ensuite tant d'adultes ne pouvant ou ne voulant pas assumer le rôle d'éducateurs naturels face à leurs enfants.

Quand j'ai un coup dur, j'ouvre toujours mon bréviaire au hasard. La Providence qui me devance toujours d'un quart d'heure m'a apporté cette fois-ci ce radieux verset d'un psaume :

« Ta parole est la lumière de mes pas
et la lampe de ma route.
Tenez-vous sous la main puissante de Dieu.
Il vous rendra inébranlables. »

La réponse était fulgurante. Il me fallait la méditer face à cette boue déversée. Je me suis enfui plusieurs fois dans la montagne. Là où tout est pur, propre, vrai et beau. Les forêts splendides entourant les gorges du Verdon m'ont sauvé de beaucoup de stress, d'angoisses, de moments pénibles. J'y médite avec passion le rosaire et je prie sous le ciel d'un bleu incomparable. Apaisé, je redescends vers la Bergerie. Le chemin qui y conduit est escarpé, dur. Mais il me paraît alors étonnamment facile, porté par le fortifiant verset :

> « Ta parole est la lumière de mes pas
> et la lampe de ma route. »

Non ! Au fond, il n'est pas si dur, le chemin !

Être celui qui sait dire « non »

Pour « les » préparer à la délinquance…

Parents,
— Donnez-lui tout et tout de suite.
— Surtout ne lui dites jamais « non ». Ça le traumatiserait !
— Ne le punissez pas. Ou si vous cédez un jour à la tentation d'une punition, retirez-la tout de suite, avec un gros bisou sur le front.
— Trichez devant lui avec la société. Dites-lui bien qu'il a des droits et aucun devoir envers elle.
— N'épargnez surtout pas la société où il vit. Il adore trouver tout stupide, idiot, inutile et destructeur. Ne relevez jamais ce que la société a de bon.
— N'ayez pas peur de vous disputer entre vous, parents, en sa présence. Le jour où vous vous séparerez, ça ne l'étonnera pas. Il y sera longuement préparé.
— Dites-lui bien, si vous vous trompez, que

c'est la faute aux « autres », jamais à vous. Il apprendra vite que la société et les autres porteront la responsabilité entière de tout ce qu'il fera de mal.

— Laissez-le appuyer jour et nuit sur le bouton de la télé, aller voir le film qu'il veut, et sortir quand il le désire en rentrant à l'heure de son choix.

— Ayez beaucoup d'indulgence dès son plus jeune âge pour les expressions cavalières dont il vous gratifiera. Laissez-le libre de dire ce qu'il pense, sans frein.

— S'il insulte un professeur qui l'a foutu à la porte de la classe, allez voir tout de suite cet éducateur répressif et dites-lui, devant votre gosse, tout le mal que vous pensez des enseignants qui ne se laissent pas faire.

— Donnez-lui du fric sans lui apprendre à le gagner. Les copains ont tout ce qu'ils veulent, dit-il ? Faites pareil. Donnez sans compter.

— Élevez-le dans le culte de l'argent, des biens matériels et du chacun pour soi. Aiguillez-le dans toutes les disciplines sportives ou intellectuelles dès que vous sentez qu'il a des dons pour les pratiquer. Mais ne lui donnez aucune formation morale ou spirituelle. Ça sera à lui de choisir quand il sera majeur

— Si, à la maison, il a tout ce dont il a besoin, ne perdez pas de temps à lui dire que vous l'aimez ou à l'écouter. Vidéo, minitel, sono occuperont son cœur et son esprit.

— Ne lui demandez jamais de service à la maison et quand il a les pieds sous la table, écoutez bien ses critiques sur le menu. N'ayez pas peur de jeter au vide-ordures son assiette pleine quand brusquement il décide de ne plus manger ce qu'il s'est servi.

— Apprenez-lui à se méfier des autres, en commençant par les voisins immédiats que vous critiquerez régulièrement.

— Dites-lui bien qu'il ne trouvera pas de travail parce que les étrangers et les immigrés nous bouffent notre pain, qu'ils sont la cause de notre chômage. Affirmez votre certitude de la décrépitude de la France à cause de ces nuisibles qui nous envahissent.

— Ne cherchez pas le dialogue quand ils sont adolescents. Ils adorent s'enfermer en eux-mêmes.

— Par contre, s'ils sont bruyants, laissez-les s'exprimer.

— S'ils se vautrent à dix-huit ans sur les fauteuils et le divan, en refusant tout (école et travail), n'intervenez pas. Ils ont besoin encore de la chaleur du foyer

— Si vous constatez que votre portefeuille a été « allégé » de quelques billets, ou si l'alcool disparaît mystérieusement chez vous et si les cendriers sont toujours pleins, ne dites rien. C'est un mauvais passage.
— Enfin, si un jour la police vous téléphone pour que vous veniez au commissariat parce que votre enfant a de la drogue sur lui ou vient de faire un cambriolage, dites : « C'est son problème » et essayez de vous souvenir de tout le mal que vous pensez de ce fils ou de cette fille dont vous n'avez jamais rien pu tirer.

Ou bien préparez-vous à aller de parloir de prison en centres de cure en vous disant que vous l'avez conduit là irrésistiblement et qu'il est temps, s'il n'est pas trop tard, de sauver ce qui peut l'être encore.

Être celui qui sait dire « non »

La prison interdite aux moins de dix-huit ans

Dès la porte ouverte, Bruno, Philippe et Marc me tendent la main. Ils me dirigent aussitôt vers une salle où, avant d'être reçu par le directeur et son équipe, j'écoute longuement ce qu'ils font à l'école et aux ateliers où ils passent huit heures par jour.

Les visages de ces adolescents québécois sont les mêmes que ceux que je vois quotidiennement, à cette nuance près qu'ils ne sont ni durs ni fermés, mais ouverts et souriants. Des « bums », comme ils disent ici. Des jeunes perdus, abandonnés ou délinquants. Parmi eux quelques meurtriers et des violeurs. Ils ont tous moins de dix-huit ans.

La loi québécoise n'admet pas qu'on enferme les mineurs dans un cachot. Ils sont placés dans des centres d'accueil. Au cours de mon périple au Québec en octobre dernier, j'ai tenu à en visiter quatre. La plupart sont totalement ouverts, d'autres plus fermés. Ces derniers sont réservés à des jeunes au passé déjà très lourd. On ne permet pas à ces multirécidivistes de choisir un centre trop ouvert d'où ils fugueraient à coup sûr. Fermeture stricte durant trois mois et week-ends ensuite pour revoir leur famille ou retrouver des foyers d'accueil.

En conversant avec Tony, le président élu de ce centre d'accueil du Québec, je revois le visage de Patrice, quinze ans, fugueur invétéré, délinquant multirécidiviste. Après un nouveau délit, le juge de Paris décide de le placer encore une fois dans un centre de banlieue. Je dois l'accompagner. « A lui de voir », me dit le juge. Patrice promène longuement sa carcasse dégingandée et demande au directeur à la fin de la visite : « Il y a des gonzesses, ici ? — Non. Ce n'est pas mixte. — Alors, non, pas question pour moi ! » termine Patrice.

Huit jours plus tard, il attaquait et blessait une femme âgée. Il s'en est tiré avec un an de prison. A sa sortie, il est retombé et pour longtemps. La prison et le laxisme des adultes avaient fait leur œuvre.

J'ai pu revoir le juge et je lui ai dit ce que je

pensais. On ne demande pas à un jeune de quinze ans son avis quand on sait qu'il choisira toujours le plus facile et le plus trouble ! Il est honteux que des adultes laissent choisir un jeune alors qu'il n'est que morceaux épars d'une enfance gâchée où, trimbalé à droite et à gauche, il n'a fait au fond que ce qu'il voulait, refusant toute contrainte et toute autorité.

Le juge m'a répondu : « En France, il n'existe, pour ce type de jeunes, minoritaires parmi les délinquants, aucune structure assez ferme pour qu'on puisse leur dire : “ Non, ça suffit ! Tu vas arrêter tes conneries. On te demande de réfléchir quelques semaines sans sortir. En attendant, tu vivras en collectivité, tu travailleras en classe et en atelier. On regrette, mais tu n'es pas assez fort pour décider toi-même. On fera tout pour t'aider à voir clair. ” »

En France, des milliers de mineurs incarcérés

Chaque année, des milliers de mineurs incarcérés dans cent vingt prisons françaises ont appris, dans des cachots parfois sordides, à ne rien foutre d'autre que passer quelques heures par semaine en classe et regarder la télévision couleur dix heures par jour. En sortant, ils ont toutes les chances d'y revenir puisque c'est à cet âge que les récidives se multiplient. De plus, nombre de prisons n'ont pas de quartier pour les mineurs qui sont alors mêlés à des adultes.

Je ne dis pas qu'au Québec ils ont la solution miracle. Mais être attendu, salué, accueilli par des jeunes délinquants à la porte de leur centre est autrement source d'espoir que d'être fouillé, d'arpenter d'interminables couloirs pour déboucher sur une porte blindée derrière laquelle trois ou quatre jeunes, parqués comme des bêtes sauvages, se demandent bien qui vient les visiter.

La France, qui se dit « le » pays des droits de l'homme, continue à écraser ceux, parmi ses jeunes, qui poussent le plus mal. On doit tout faire pour interdire la prison aux moins de dix-huit ans.

L'incohérence des pouvoirs publics, dont les politiques différentes et contradictoires se succèdent depuis plusieurs années, est d'abord à mettre en cause. Pour eux, hier, le drogué était un malade. Aujourd'hui, il devient délinquant. Hier, on tentait de le soigner. Aujourd'hui, on parle de l'enfermer.

Il faut dénoncer la thèse soutenue par trop

d'éducateurs qui refusent toute mesure répressive, quelle qu'elle soit. Ce ne sont pas eux qui pourriront dans des cellules de prison. C'est pourtant eux qui en sont les grands pourvoyeurs, notamment pour un type de jeunes bien précis, pour qui toute solution éducative n'a été qu'échec.

C'est ce type de jeunes que j'ai choisi de servir avec mon équipe. En attendant que des structures souples, humaines, petites et fortes se mettent en place et se multiplient, on se débrouille comme on peut, avec seulement quelques certitudes vérifiées et cimentées par un long contact avec eux. Et puis les résultats sont à la hauteur de l'espoir qui nous anime.

Savoir dire « non »

Très vite, ils m'ont appris à être celui qui sait dire « non ». Et plus que jamais. Le jeune qui atterrit chez nous a poussé, jusqu'à notre première rencontre, dans la rue ou dans des centres où il était impossible de le diriger, puisqu'il passait d'un lieu à un autre à une cadence accélérée.

Devant son refus de toute contrainte, à bout

de souffle, le juge lui a fait tâter de la prison qui l'a rendu encore plus imperméable à toute autorité.

Pierrot arrive à la permanence, sortant de prison après les multiples demandes du juge et d'éducateurs ne sachant plus à quel saint se vouer.

J'accepte avec mon équipe de le prendre avec nous. Il passe les premières heures à écouter des cassettes et nous apparaît doux et tranquille. Il m'observe. Je le cherche au moment du coucher et le trouve dans une chambre, bien installé dans le lit de l'éducateur. Je lui signale qu'il devra dormir ailleurs. Il refuse, m'assurant qu'il est fort bien là. J'appelle l'éducateur pour qu'il se débrouille avec lui. J'entends une longue discussion que je finis par abréger par un bref : « Que décides-tu ? — Je reste là », me dit Pierrot. Mon poing dans la gueule termine instantanément la discussion. Furieux, il se lève. « Je me casse », me lance-t-il en s'habillant. « Comme tu veux, lui dis-je, mais sache que tu ne feras pas la loi ici ! » Il disparaît dans la nuit.

Le lendemain, il revient chercher un pullover, paraît-il oublié. J'étais absent. Il revient le soir. On s'explique et il ajoute : « Le pullover, je l'avais pas oublié. Je voulais discuter avec toi. »

Je savais qu'il avait, peu avant de nous rejoindre, boxé un éducateur qui avait dû s'aliter huit jours. Mon poing « évangélique », offert rarement mais efficace, a donné ce jour-là des fruits étonnants. Pierrot est resté. S'il me contre souvent, s'il a une difficulté viscérale à obéir, accepter qu'on pense autrement, je lui fais face mais cette fois-ci sans violence, verbalement. Et, quand ça risque d'aller trop loin, reviennent les phrases sacro-saintes : « Si nos lois ne te plaisent pas, casse-toi ! Et cherche ailleurs quelqu'un pour t'aider. Si tu veux rester, tu te plieras aux exigences qui nous semblent bonnes pour toi. »

Plus que jamais, le temps d'aujourd'hui est celui du « je veux tout et tout de suite ». Face à cet impératif destructeur, qui saccage la mesure du temps, de l'effort et de la liberté de l'autre, l'adulte qui sait dire « non » quand il le faut offre les barrières indispensables au jeune désorienté qui, au fond, n'attend de lui aucun autre langage.

Pour un équilibre supérieur

L'adulte, dans le choix qu'il a fait de s'occuper de jeunes perturbés, doit avoir comme premier impératif l'équilibre. Face aux déséquilibres qu'il subit du matin au soir, à la tension permanente à laquelle il est soumis, un équilibre, et supérieur, n'est pas de trop.

Équilibre physique d'abord. J'ai toujours trouvé dans le sport un dérivatif et un calmant qui m'apaisent et surtout me font bien dormir..., autre facteur majeur équilibrant. De plus, la maîtrise de soi passe en grande partie par le corps. Les situations difficiles à régler, au quart de tour, nécessitent un tonus physique à maintenir religieusement.

Équilibre psychique. Si on ne sait pas prendre la distance avec ce peuple particulièrement tourmenté, mieux vaut tout de suite réserver une chambre à l'hôpital psychiatrique le plus proche. Je vois trop d'éducateurs perturbés pour ne pas soumettre mon équipe à des congés réguliers, prévus et impérativement pris.

Pour moi, quarante-huit heures de silence absolu, tous les quinze jours, c'est un essentiel qu'aucun tremblement de terre ne saurait me faire manquer.

Équilibre affectif. La passion d'aimer qui nous anime et qui est notre raison de vivre parce qu'elle rend la vie à ces jeunes, comporte un grand danger. On risque de ne plus arriver à vivre sans eux, et réciproquement. Si on ne met pas la distance nécessaire tout est possible. Ils s'engouffrent dans cet amour. Au départ, il est gratuit, mais si on ne fait pas gaffe, il risque un jour de ne plus l'être.

Un adulte qui manque d'équilibre fera passer ses manques, ses stress et son déséquilibre chez les jeunes dont il a la charge. Il ne pourra alors rien leur apporter. De plus, les jeunes qui, d'abord, s'apitoient sur lui, ensuite risquent de le mépriser. Ces jeunes en difficulté ont une intuition de loups. Ils savent d'instinct très vite plonger au plus profond de nous-mêmes. Ils peuvent alors monnayer à leur profit toutes les carences qui nous habitent.

Quand on a conscience de la fragilité des adolescents dont on a la charge, on n'aura de cesse d'entretenir son équilibre... ou de les quitter... si on sait décrypter les clignotants rouges qui nous rendent inaptes à marcher à leurs côtés.

Être ceux et celles qui ont des certitudes

« Quelle différence y a-t-il entre toi et nous ? » m'ont souvent demandé des jeunes. « Aucune, à part une pincée d'expérience de plus que toi et des choses que j'ai vérifiées et dont je suis certain » est ma réponse.

Plus que jamais, le jeune a besoin des certitudes de l'adulte. Certitudes qu'il cherche et vérifie d'abord en lui et qu'il a besoin qu'on lui dise.

Le jeune n'attend pas qu'on soit du même avis que lui. Il veut NOTRE AVIS. Et sur tout. Il triera ensuite. S'il lui arrive de nous débiter des affirmations parfois plus monumentales que les pyramides d'Égypte, c'est pour mieux nous provoquer. Il adore ça. Sa jeune expérience d'adolescent aux certitudes changeantes est d'abord le fruit d'un vécu immédiat qui le fait réagir. Il en sent bien la fragilité. S'il conteste l'expérience de l'adulte, il a soif, paradoxalement, de la connaître.

Si la jeunesse d'aujourd'hui a tant de mal à s'affirmer, c'est que l'adulte se racornit, vieillit trop vite ou impose des certitudes qu'il ne vit pas. Ou bien il ne veut pas vieillir, joue au jeune, est changeant, manque de certitude, alors il n'est plus un roc, mais du sable qui enlise la recherche, les angoisses et les doutes de ses enfants.

La force tranquille d'un adulte n'imposant pas ses convictions, mais les affirmant et les vivant, marquera l'adolescent à vie. L'adolescent ne se construit bien que dans ce merveilleux miroir qu'est pour lui le regard de l'adulte. A condition, bien sûr, que ce miroir réfléchisse la lumière de la cohérence : une parole qui colle à sa vie.

La cohérence : vivre ce que l'on affirme

C'est là qu'ils nous attendent. Ils écoutent tout, assimilent tout... mais ne digèrent pas nos incohérences.

Les jeunes ont soif d'adultes vrais. Ils ont l'art de repérer nos hypocrisies. Face à ce qui bouillonne en eux de rêves fous et de difficultés à les réaliser, ils admirent plus que tout une parole qui colle à la vie.

Pour eux, nos vies ça doit être l'étincelle qui illumine leur rêve. Quand on sait leur engouement pour les témoins prestigieux de notre temps, que ce soit, en vrac, Che Guevara, Jean-Paul II ou Mère Teresa, on comprend leur soif d'une parole soudée à la vie. Dans le stade de la Meinau, à Strasbourg, en octobre dernier, perdu dans cette immense foule de jeunes qui ovationnaient le pape, je comprends mieux tout ce que la voix de Jean-Paul II avait de magique. Cette voix sortait d'entrailles trouées par des balles qui avaient voulu la faire taire. La formidable cohérence d'un homme dont tous et toutes n'approuvaient pas forcément les idées passait la rampe au-delà de l'imaginable.

Les mots tombaient justes, précis, sans effet de voix. D'où leur formidable résonance. Ce qui m'a frappé après, c'était l'investissement total du pape dans chaque mot qu'il prononçait. Ces mots étincelaient de « vécu ». Et puis, dans un monde de désespérance, ils ne faisaient appel qu'à l'espoir.

Avoir une gueule d'espérance

Ce qui me frappe toujours, dès le premier contact avec les jeunes que je côtoie, c'est leur désespoir. Les yeux fuyants et absents, le visage triste, la parole rare. Quelle espérance alors faut-il, en face, pour qu'un jour les visages s'éclairent, les yeux fixent l'autre et que la parole se libère !

Ma vie d'éducateur est émaillée d'échecs, de rechutes, de récidives. Mais, au-delà de cette tempête qui balaie mon quotidien, surnage une invincible espérance. Elle est mon bouclier de tous les jours. Tous les coups s'émoussent sur lui.

Michel, un ancien qu'on avait gardé longtemps et qui, après un long travail de réinsertion, vient de retomber, m'écrivait de prison : « J'avais tellement peur que tu ne veuilles pas me répondre quand tu as su que j'étais en taule. Ta lettre a fait disparaître momentanément toute angoisse, toute crainte. Je pense maintenant comme toi que cette rechute n'est que passagère. Je m'en sortirai. »

C'est dingue comme ils s'accrochent aux êtres qui respirent l'espérance.

La plus belle expression que j'en ai eue, c'est celle d'un jeune, emprisonné pour la cinquième fois, qui m'avait confié : « Je ne crois plus en moi. Toi, oui. Alors, garde l'espérance que tu as en mon avenir. Je te la prendrai peut-être un jour. »

Il faut, à la place où je suis, une espérance, folle parfois, joyeuse et sans faille tous les jours. Il suffirait qu'un jour je baisse les bras pour que s'éteignent tant d'étincelles qui ne cherchaient qu'à s'enflammer.

Quand tout semble perdu, celui ou celle qui espère, envers et contre tout, gagnera. Je le vois bien en suivant le long chemin de plusieurs de mes gars condamnés à des peines très longues.

Au début, juste après la condamnation, c'est le choc. Et puis, peu à peu, il me faut, avec lui, chercher les motifs d'espérer. Ça vient. C'est plus ou moins long. Mais ça vient toujours. De longues études à entreprendre, des travaux qui vont de bateaux faits avec des allumettes à un roman qui occupe de longs mois de cellule. Parfois, pour réchauffer un cœur qui ne veut plus battre, il faut faire vite, laisser tous mes rendez-vous et prendre le premier avion pour passer deux heures avec celui qui n'a plus de motif de vivre. C'est la chose la plus importante à faire. Mon premier combat quotidien est celui des priorités. Parmi les multiples brebis perdues, aller toujours vers celle qui frôle l'abîme. Ma vraie tristesse est celle de l'échec suprême : la mort.

Cette mère me l'a bien dit, l'autre jour, après un long dialogue précédé d'insultes et de cris. Elle avait voulu me confier son fils. Je n'avais pas pu le prendre avec nous. Il habitait au fin fond de la France et était drogué. Elle n'avait, elle-même, pas mesuré la profondeur de sa détresse. Il venait de se pendre.

S'il y avait davantage d'hommes et de femmes croyant plus que tout en la vie, je ne serais pas sollicité à ce point et endosserais moins souvent le poids accablant de l'échec de vies que je n'ai même pas eu le temps de connaître.

La transparence qui donne l'intuition

Je venais de terminer un échange dans une école libre avec trois cents jeunes. Un groupe se bousculait à mes côtés tout en m'accompagnant vers la sortie. Je vois un jeune accoudé à une fenêtre, un peu à l'écart. Je vais d'instinct vers lui. Il ânonne son prénom et j'attends patiemment ses réponses hachées par un incoercible bégaiement. Le groupe s'écarte, il sort avec moi. L'aumônier du collège, ravi, s'avance et me dit à l'oreille : « Je voulais te dire quelque chose avant l'échange. La foule des jeunes m'en a empêché. Je voulais que tu voies André. Tu l'as trouvé tout seul. Je suis très heureux. »

Ce contact, maintenu depuis trois ans, est riche d'amitié et d'échange pour un jeune au milieu familial en loques, dont le bégaiement était une des conséquences.

Cette intuition, je la perds quand je ne prends pas la distance, que je suis trop fatigué ou surchargé.

La transparence donne une intuition pas possible.

Je mesure, jour après jour, l'extraordinaire tâche d'être là au moment capital où tant de fragilités et de richesses cohabitent dans le cœur d'un jeune.

Dans le monde d'aujourd'hui, le vacarme s'amplifie. Que ce soient les bruits de la rue ou ceux des bars où les vidéos ultra bruyantes s'acharnent à concurrencer le martèlement des machines à sous. Que ce soient la télé à la maison, les postes à cassettes dans la chambre... ou trimbalés sur les oreilles. Tout est bruit.

Avec mon équipe, il me faut prendre de sacrées réserves d'énergie, puisées dans le silence absolu, qui alimentent les piles de ma transparence.

Vivre avec des jeunes, c'est vivre dans le bruit. Mais c'est aussi savoir leur dire : « Éteins cette sono », « Peux-tu arrêter un moment de chahuter ? », « Va prendre l'air un peu. Tu déplaces trop d'oxygène. »

Savoir rêver avec eux

Ceux et celles avec qui nous vivons arrivent avec des rêves brisés ou éteints. Leur côté suicidaire est dominant au départ. Peu à peu, timidement, s'esquissent les premiers rêves, mais rapidement cassés par eux-mêmes. « Je suis trop con pour les réaliser », « J'arriverai jamais. De toute façon, tout ce que j'ai fait jusqu'ici n'a été que merde », disent-ils très vite.

Paulo n'arrêtait pas dans les premiers mois de se mettre dans des colères aussi brutales que terribles. « C'est plus fort que moi, me disait-il, sa colère passée, je rêve d'être doux. J'y arriverai jamais. » En attendant, il nous fallait recoller les morceaux, inlassablement. Pas évident quand un de mes compagnons avait été menacé ou insulté devant toute la communauté.

Un soir, il me dit : « Je m'en vais. J'y arriverai pas. — Dors bien et demain tu décideras si tu pars ou pas », fut ma réponse.

Le lendemain, il me dit : « Je reste. Mais, dès que je recommence, je pars de moi-même. »

En décidant qu'il avait à se dire « non » à lui-même, il se mettait dans une position autrement plus forte que la nôtre, avec nos menaces permanentes de l'exclure de la communauté.

Il est en voie de gagner. Ses colères sont plus maîtrisées, moins violentes.

Seul un climat de liberté, où tout est possible tant que la liberté des autres n'est pas piétinée, peut ouvrir toutes les routes, amorcer tous les rêves et les réaliser.

Quand j'étais adolescent, je me souviens encore de mes cross solitaires en forêt. En courant, je rêvais de bâtir un monde plein d'amour, de solidarité, de partage. Mais il avait fallu que j'accroche mon rêve aux branches indestructibles de l'amour, de l'équilibre, des certitudes et de l'espérance d'adultes forts et aimants, qui ont su au moment voulu me dire « non » !

C'est grâce à ces branches-là qu'aujourd'hui je peux donner ce que j'ai reçu et que mon rêve se réalise au-delà de ce que j'imaginais.

Jean-Luc, le tracteur et les travailleurs de l'ombre

Le chef de train du TGV sort le buste de sa cabine et me lance : « Salut curé, bravo pour le tracteur. »

C'était le lendemain matin de l'émission télévisée de Jean-Luc Lahaye. Je savais, à travers cette première réponse, que six minutes d'émission à la télé peuvent suffire à laisser un message. Même si j'étais coincé entre Line Renaud, le Sida, Anthony Delon, Manitas de Plata et tout ce que le show biz peut trimballer de têtes avides de paraître.

Depuis six mois, Jean-Luc m'avait appelé pour que j'entre dans une de ses émissions. Ce qui m'avait inquiété c'était, au téléphone, toujours sa même et seule demande : « Guy, tu viens en blouson noir. » Je regarde très peu la télé. J'avais demandé à un de mes amis de me visionner ces émissions retentissantes du « coup de cœur du vendredi soir ». J'étais édifié sur ce qui m'attendait. J'avais aussi la confirmation de ce que je pensais : « Médiatiser ainsi la pauvreté, c'est quelque part prendre le risque de l'aggraver un peu plus. » Un cadeau somptueux, des sponsors mercantiles avides d'inscrire leur marque dans la pensée de millions de téléspectateurs et une auréole de héros des temps modernes pour l'invité s'occupant des petits « malheureux » des rues de France. Ça va pas loin tout ça, quand on sait que plus de cent quatre-vingts postes de l'éducation surveillée ont été supprimés depuis deux ans et que des milliers de postes de policiers ont été, par contre, créés. D'où les claironnantes statistiques sur la baisse de la délinquance. Les causes de la délinquance biffées, ses effets tronqués, qu'avais-je à dire, mais surtout à faire, durant ces six minutes ?

Après réflexion avec mon équipe, ce sont les jeunes de Paris et de Faucon qui m'ont donné la réponse : « Vas-y ! Mais donne ce qu'on te donne à plus pauvres que nous. »

La Providence, qui me devance d'un bon quart d'heure et n'a que faire des frontières, m'avait conduit quinze jours avant l'émission dans le sud de la Belgique, où je devais donner deux conférences, visiter deux prisons et passer plusieurs heures dans deux lieux de vie où se débattait une poignée d'éducateurs — travailleurs de l'ombre — pour sortir de l'impasse des jeunes adultes sortis de prison ou à la rue.

L'environnement ne les portait que très peu et leur travail en forêt des Ardennes était leur gagne-pain, dur et très mal rémunéré. Leurs moyens étaient dérisoires.

Alors, j'ai pensé que ce fameux tracteur, tout inestimable qu'il aurait été pour nous, serait pour eux providentiel. Ils ont appris, au moment même de l'émission, que le tracteur papal (il était blanc comme neige) était à eux. Je vous passe leur explosion de joie qui a suivi cette annonce en direct à la télé. Le télégramme du lendemain nous le disait.

Dans ce monde si dur, si égoïste et à la mémoire si courte, où on parle tant des pauvres et où on les ignore juste après les plus retentissantes émissions, les paroles sont illusoires et passent. Seuls les gestes comptent et restent.

Nos amis belges sont venus cet été à la Bergerie de Provence, nous offrant leurs bras et leur cœur... gros comme un tracteur.

Bergerie de Faucon

Théologie de la libération de la rue

Les jeunes de la rue : des assistés

« C'est à la DDASS de me donner tout ce que je lui demande », me disait Pierrot, enfant de la DDASS depuis ses premiers jours. A seize ans, tombant dans nos pattes, il était le cauchemar des inspecteurs de l'organisme d'État. Il assaillait les bureaux, exigeait, réclamait. Très vite, j'ai mis un frein à ses revendications. « OK, c'est la DDASS qui te prend en charge. Tu as deux cent vingt francs d'argent de poche par mois et deux cent cinquante francs pour l'habillement. Le reste, c'est à nous de le gérer avec toi pour ton bien-être, c'est-à-dire pour ta bouffe, ton logement, ta santé et ton éducation de base. Tu as le droit de dire ce que tu penses et tu vas où tu veux avec notre accord. De toute façon, on ne fera rien sans toi. »

Mais imaginez le pedigree moyen du jeune que nous recevons et aidons. Avec un culot triomphant, un jeune que je défendais répondait à la présidente du tribunal qui s'inquiétait de son avenir : « Ma profession ? Voleur... »

La juge ne pouvait imaginer que ce jeune de seize ans m'avait confié un jour qu'il avait volé déjà plus de vingt millions d'anciens francs... nets d'impôts. Il tenait soigneusement dans un carnet secret (et à un centime près) le compte de ses méfaits. Pour la petite histoire, il est comptable maintenant. Son patron m'a assuré qu'il n'en avait jamais trouvé d'aussi scrupuleux.

Imaginez également combien peuvent leur paraître dérisoire leurs deux cent vingt francs d'argent de poche, quand, depuis des années, ils ont mené grande vie, grand train. Sans économiser. Quand l'argent volé leur brûle les mains, je garde dans la tourmente où leur jeune vie est emportée au moins un motif d'espérance : ils reconnaissent sans se le dire que tout ce qui n'est pas acquis à la sueur de leur front n'a aucune valeur

Tant que ceux qui possèdent...

Un pauvre qui ne pense qu'à être riche est aussi puant que celui qu'il jalouse. Un riche qui ne partage pas quelque chose de la pauvreté de celui qu'il veut aider restera toujours égoïste, fermé sur lui. Quand on ne donne que son superflu, tout don n'est que de la merde.

Tant que ceux qui possèdent, qui savent et qui ont le pouvoir, décideront pour ceux qui n'ont rien, ne sont rien et n'ont aucun pouvoir, les pauvres de la terre le resteront.

Les opprimés se libéreront par eux-mêmes. Leur libération ne doit partir que d'eux. Elle ne sera efficace que si elle est conduite par les exclus eux-mêmes.

Nous ne sommes, nous, que leurs alliés possibles restant à leurs côtés pour qu'ils mènent à bien leur libération. Ce que je dis est valable pour les jeunes de la rue. Comme pour les prisonniers. De multiples gestes se font au service de ces derniers. Mais je leur répète de prison en prison, en allant les visiter : « Votre dignité, c'est vous et vous seuls qui la gagnerez. Votre liberté d'homme et de femme, à l'intérieur des prisons, c'est vous et vous seuls qui la légitimerez. Nous, dehors, on est là seulement pour vous aider. La prison sera votre lieu de libération collective ou celui de votre enchaînement individuel. »

La rue et ses valeurs

Dans la rue, j'ai découvert une immense et merveilleuse humanité. Ce sont des vivants, les jeunes de la rue. Solidaires dans leur souffrance et dans leur exclusion, ils m'ont fait découvrir des valeurs incomparables de solidarité, de coude à coude.

Ils s'aident, ils ont une force de résistance et une capacité créatrice inexploitées. Ils ont une culture, une langue, un sens aigu de l'autre, un regard très perspicace et pénétrant qui les aident, dans les situations difficiles, à trouver les réponses qui les sortiront de l'ornière.

A partir du moment où on les a fichés comme délinquants, nous pensons qu'ils ne sont rien et n'ont rien à nous apprendre. Alors qu'en réalité, en vivant avec eux, on découvre qu'ils sont, à leur manière, comme des prophètes. De façon négative, mais prophètes par leur manière de nous alerter sur l'avenir de la société. Ces jeunes la défient en allant plus loin qu'elle dans la course effrénée au fric, dans le chacun pour soi. La seule différence, c'est qu'ils ne thésaurisent pas. Ils grillent tout et jouent au riche… l'espace d'un moment, jouissant dans la minute qui vient de tous les plaisirs que donne la puissance de l'argent… en n'oubliant pas leurs copains de misère avec qui tout est partagé. Quitte, le lendemain, à se retrouver dans la rue avec pas même vingt francs en poche pour l'achat d'un casse-croûte.

Je répète partout aux gens qui me valorisent : « Ce que je suis, je le leur dois. » Leurs valeurs sont passées en moi. Je pense qu'aucun peuple auquel l'Église m'aurait confié n'aurait pu m'apporter autant. Pourquoi ? Parce qu'ils sont en France les plus pauvres parmi les plus pauvres. Et qu'ils sont MA FORCE. Depuis vingt-trois ans, je ne me suis appuyé que sur eux. Ma force, je la tiens de Jésus-Christ bien sûr, mais Jésus-Christ passant PAR EUX.

Alternative à la pauvreté : la justice et la fraternité

La pauvreté est injuste, inhumaine. La démission des parents, la pauvreté matérielle, le chômage qui ont conduit en prison de multiples fois les jeunes avec qui nous vivons, la combinaison de tout ça, c'est l'injustice absolue.

Combien de fois, en les regardant, je me prends à rêver leur naissance dans un milieu normal, chaud et confortable ! Jamais alors ils n'auraient eu ce dégoût de la vie, cette violence qui durcit leurs traits, ce comportement difficile et cette désespérance qui me vrille le cœur.

Inhumaines, ces vies de pauvres qui, à seize ans, dans de multiples centres, avec d'innombrables éducateurs, ne désirent qu'une chose : s'accrocher à quelqu'un. Ils ne rêvent que d'être, enfin, quelqu'un pour quelqu'un. Rêve jusqu'ici irréalisable. La pauvreté, comme la richesse, est l'expression d'une société malade.

Seules la justice et la fraternité sont les deux fruits d'une société humaine et juste.

Juste si chacun peut participer à la construction d'une vie sociale plus humaine.

Juste si elle offre à chacun sa chance.
Juste si notre diversité est reconnue.
Juste si on encourage tout ce qui va vers le haut.

Participer : c'est vaincre la solitude

Je les vois, les uns après les autres arriver à la ferme de Haute-Provence. Paumés, enfermés encore derrière les grilles qui viennent juste de s'ouvrir, ils ne pensent qu'à eux : « Mon fric, mes affaires. » La prison a cassé ce que la rue et la bande avaient construit de meilleur. Ils nous suivent avec, en eux, les traces toutes fraîches d'une détention qu'ils connaissent parfois pour notre honte depuis l'âge de treize ans.

C'est petit à petit qu'ils changent. Au début, pris par l'euphorie de leur neuve liberté, ils se coulent très vite dans des gestes faciles, face à des bêtes encore jamais vues, et très attirantes. Il y a la vache à traire, la litière du veau à faire, les chevreaux à allaiter, les sangliers à nourrir, les poules à rentrer et les mille travaux d'une ferme. Et puis, ça coince. Nous sommes d'une grande exigence au sujet des bêtes qui se révèlent des éducatrices hors pair. A cause d'elles : lever tôt, repas à la même heure, nourriture très précise et propreté méticuleuse. C'est long, très long, de leur apprendre qu'entrer en hurlant dans l'enclos des moutons n'est pas la meilleure façon de les rassembler et qu'on ne bouscule pas une oie qui couve. L'âne, ils le peuvent. Il a une mémoire d'éléphant. Et il sait rendre coup pour coup. Pattes et dents sont faites pour ça...

C'est dur de les rappeler à l'ordre de nombreuses fois avant qu'ils apprennent et, surtout, aiment qu'une salle à manger soit un lieu de rencontre où on se regarde et où se parle, et non pas un ring ou une table de ping-pong.

Égalité : une chance pour chacun

C'est en participant qu'on se reconnaît égaux. Parce que chacun participe selon ses moyens, ses talents et sa force.

Jean-Charles, dix-sept ans, en paraît onze. Thierry, quinze ans, est un Rambo qui étale des muscles d'adulte haltérophile ; après huit heures de coupe en forêt, il est frais comme un gardon. Jean-Charles, quant à lui, après avoir scié deux troncs d'arbrisseaux, s'arrête, clope au bec, pour souffler un bon quart d'heure. Mais quelle importance ?

Le salaire donné n'a rien à voir avec la rondeur des biceps. Cette inégalité musculaire, nous refusons de la voir. A chacun selon sa force. La bonne volonté tient lieu de muscles.

L'ancien est le serviteur des nouveaux. Le dernier arrivé est le plus faible. Il ne connaît rien, ni les murs, ni l'équipe, ni nos règles. Il sera donc le premier servi.

Pour moi, c'est ça l'égalité. Partir de la faiblesse du plus faible. Faire la procession d'été de la Saint-Christophe avec, en tête, la plus vieille parmi les anciennes. On ira à son pas. Et puis, c'est chouette. On prend le temps, dans la nuit qui tombe, de respirer la lavande et d'entendre les grillons.

Plus les personnes participent, plus elles deviennent égales. Surtout quand elles savent que toutes les chances leur seront offertes pour donner leur pleine mesure.

Et puis leur dire, sans cesse, que si l'un d'entre eux baisse, la communauté flanche. Que tous grandissent quand un seul progresse.

Ce sont ces bornes qui jalonnent notre route. Quand ils les ont posées avec nous, la sécurité s'installe en eux.

Une des plus grandes forces d'une communauté, c'est de vivre la plus grande égalité possible. Tout en s'acceptant différents.

Diversité : richesse et force

Que Marcel ne parle pas, ne crie pas, même, mais beugle, c'est pas toujours marrant à vivre. Mais lui redire sans cesse de mettre un bémol et expliquer aux mecs que son tympan crevé (par sa belle-mère, un jour de sévices), c'est pas sa faute, c'est relever, expliquer et vivre quotidiennement nos différences.

Accepter d'entendre leur musique hard dont ils nous matraquent les oreilles, c'est savoir les écouter dans ce qui fait partie de leurs tripes. Mais leur faire baisser leur poste cassette et leur faire entendre et savourer d'autres musiques, c'est aussi leur apprendre la diversité. Éric, fana des musiques fortes, découvrant un jour Mozart, a été pour moi un vrai « miraculé de Lourdes ». Surtout qu'il avait longuement insisté pour me faire apprécier sa nouvelle musique… que j'avais longuement refusé d'écouter, craignant, une fois de plus, de me retrouver avec des abcès dans les oreilles !

Une démocratie se construit sur la reconnaissance des diversités. Un groupe respire la joie et la paix quand chaque don, chaque capacité, est mis au service de tous.

Lorsque Marcel appelle à la soupe, la forêt alentour frémit, les oiseaux émigrent, les sangliers se terrent. Mais jamais aucun des affamés, où qu'ils soient, ne manque à l'appel. Tout le monde en convient.

Nos diversités, bien comprises, rassemblent...

Communier dans le meilleur

J'ai vécu avec les jeunes, surtout dans la Bergerie de Haute-Provence, des moments de communion parfois extraordinaires.

Ce peuple déchiré, tiraillé, a une soif d'infini qui s'exprime de façon étonnante quand il se sent aimé, compris. « Tu dois te faire chier tout seul à l'autel », m'ont-ils dit parfois après la messe. « Non. Le Seigneur est là et pour moi c'est prodigieux. » Peu à peu, ils ont envahi l'autel. Louis est devenu mon « cérémoniaire pontifical attitré. » Moment intense de communion. Leur catéchisme, c'est notre vie. Nous n'avons que ça à leur offrir comme enseignement. Le reste vient après, quand ils posent des questions. Il est exclu qu'ils veuillent entrer dans l'Église. Cette dernière n'est pas prête à les accueillir. Les offices religieux que je préside les intéressent, au point qu'ils y participent. Ils en restent là. Nous savons que notre façon de vivre est une communion et que les valeurs humaines et évangéliques en sont le centre. C'est l'essentiel.

Pour peu qu'on les tire vers le haut, dans une ambiance où règnent la solidarité, le partage, l'égalité, ils s'intéressent à autre chose qu'au sexe qui, à cet âge, est au hit-parade de leurs échanges verbaux. Ou au fric qui, hier, était le but suprême.

En dehors des préoccupations immédiates propres à tout jeune, ils ont des idées de génie quand ils savent qu'ils peuvent tout dire, tout créer. Ils ont une façon de critiquer mes compagnons et moi-même, directe, franche et souvent délicate, qui est leçon pour nous.

Une aventure humaine où la justice est prioritaire

Depuis que je suis prêtre et que, dans les premiers mois de mon sacerdoce, j'ai rencontré Alain, l'enfant perdu de Blida qui a fait bifurquer ma vie vers ses frères de rue, il me faut répondre à cette question : « Comment être chrétien dans ce monde des jeunes de la rue, victimes de tant de misères et d'injustices ? »

EN VIVANT UN CHRISTIANISME LIBÉRATEUR, PROPHÉTIQUE ET SOLIDAIRE.

En aimant d'abord. Bien évidemment. Sans l'amour gratuit, rien n'est possible. Mais cet amour ne deviendra vie qu'à partir d'un combat quotidien pour la justice.

Sans la justice, c'est-à-dire l'égalité voulue, la diversité acceptée, la participation réalisée et une communion profonde, l'amour offert n'est rien.

Partir des valeurs des jeunes de la rue, m'intégrer sans cesse dans ce qui fait leurs richesses (mon look loubard est important pour eux), les aider à s'organiser, à se prendre en main, c'est ça l'efficacité première pour que ma foi de chrétien ne soit pas une foi idéaliste.

Notre premier devoir de chrétien est un devoir de justice, c'est-à-dire de dénonciation de toute forme d'oppression. Ensuite, une participation active pour répondre aux défis qu'ils nous lancent : « J'ai envie de vivre ailleurs que derrière les barreaux d'une cellule. » « Je ne peux plus supporter d'être fiché, compté pour rien. » « J'ai au fond de moi-même un désir fou de faire quelque chose qui me grandirait. » « Avec mes copains de misère, la haine et la violence nous ont guidés. Il doit bien y avoir autre chose pour nous rassembler. »

Ils nous entraînent dans une aventure où les heures ne comptent pas. Ou on donne tout ou bien on abandonne.

Aimer, c'est faire des petits

Ce qui me gêne chez certains chrétiens, c'est qu'ils ne se sentent pas tellement solidaires des exclus mais plutôt de ceux qui les représentent. Nous pouvons être alors l'arbre qui cache la forêt. Mes deux préoccupations dans les conférences sont celles-ci : « Comment mettre les jeunes que je sers sur le devant de la scène ? » « Comment refuser de donner mauvaise conscience, mais inviter les chrétiens à la participation, une fois les rampes de la scène éteintes ? »

J'ai peur de toute charité s'appuyant sur le vedettariat. Cette charité-là est anarchique et dangereuse. La dignité des exclus risque de ne pas y trouver son compte.

On m'attend pour célébrer dans une église. Mais on regarde avec suspicion les dizaines de loubards qui se pressent dans la nef !

La charité, c'est une démarche de libération. Aimer, c'est libérer.

Que beaucoup de mecs et de filles que j'ai soutenus décident à leur tour d'aider les autres, c'est ma seule fierté.

Aimer, c'est faire des petits, c'est penser au lendemain. « La charité doit être prévoyante », nous dit saint Paul.

Aimer, ce n'est surtout pas encenser un curé ou lui envoyer des sous en réclamant toujours « la peine de mort » et « les prisons privées », pour les vingt mille taulards prévus dans les dix ans à venir.

Un soir, la conférence terminée, j'attendais l'assaut habituel des gens qui, ayant acheté mes livres, fonçent pour les faire dédicacer. Ça me gêne, mais je ne peux le refuser. Un mot d'amitié après une parole qui les a secoués est, pour certains, précieux.

Une dame s'avance vers moi, me demande mon stylo et bifurque vers un de mes jeunes assis à mes côtés et lui fait signer mon livre, après quelques mots d'échange. Sans un regard pour moi, elle repart.

Je suis resté émerveillé par ce geste. Elle avait tout compris. C'était eux que j'avais annoncés. C'était eux qu'elle emportait avec elle.

Je suis certain qu'elle a dû faire des petits.

Sans une équipe, je suis foutu

Travailler seul est suicidaire

Travailler seul dans ce monde de jeunes en difficulté serait suicidaire. Personne n'a le monopole solitaire de l'éducation. Quelque charisme que peut avoir celui qui se lance dans l'éducation, on ne peut rien bâtir de solide dans la solitude. Bien au contraire, les dons du départ peuvent se retourner contre celui auquel s'accrochent des adolescents perturbés. Une seule référence en effet est dangereuse. La même chose se vérifie dans une famille. Si seul le père ou la mère est la référence suprême, l'adolescent(e) risque de se bloquer sur une seule personne et de se mutiler quelque part. Le père, la mère, les grands-parents, un oncle, une tante, des voisins, des profs sont tous et toutes partie prenante de la montée de l'enfant qui bâtit sa route à travers l'approche d'adultes différents. De même avec notre équipe d'éducateurs que nos jeunes préfèrent appeler compagnons.

Cette route adolescente doit être construite sur le roc, avec l'environnement qui fera déboucher sur l'universel. Elle devra avoir des fondations que chaque membre de l'équipe apportera. Elle devra être entourée de fleurs et d'épines, serpentera sous un soleil lumineux, sans jamais masquer les nuages qui annoncent les tourmentes de la vie. Les jeunes dont nous avons la charge arrivent ordinairement dans l'équipe vers l'âge de treize à quatorze ans. C'est-à-dire que durant six à sept ans nous allons vivre côte à côte. La permanence parisienne, la Bergerie de Faucon et les familles d'accueil seront les points d'appui durant ces années essentielles. C'est ainsi que je l'ai voulu, depuis près de quatorze ans, après un long chemin de neuf ans de travail de rues. Ces neuf ans ont été essentiels pour connaître, comprendre et décider ce que nous vivons maintenant.

Ces hordes de jeunes du XIXe m'ont appris énormément. Mais je les ai côtoyés durant ce long apprentissage, plus que je n'ai vécu avec eux. Les virées la nuit dans les bars, les attentes interminables juché sur ma moto aux bouches de métro, les camps de neige et d'été ont été un travail d'une grande richesse. Mais notre permanence parisienne ne les accueillait qu'occasionnellement, quand leurs « vieux » les foutaient dehors ou lorsqu'ils revenaient d'un mauvais coup.

C'était toujours très dur pour moi (et, je le sentais, pour eux aussi) de nous séparer en fin de week-end ou le camp terminé. Ils ne retrouvaient alors qu'un appartement vide ou des parents qui ne voulaient plus d'eux. Donc, ils reprenaient le sentier de leur déroute : la rue. Les combines louches, les casses, la course avec les flics, les arrestations et souvent la prison, étaient les seules issues après les éclaircies qu'ils adoraient et où ils progressaient : les sorties, les camps et les quelques activités sportives que nous les aidions à pratiquer.

C'est à cause de leur désir exprimé un soir où ils rêvaient tout haut à la permanence, leur désir de stabilité, de bâtir ensemble une ruine pour en faire une vraie maison, avec murs épais et espace, que tout a basculé.

C'était il y a quatorze ans. Ce tas de ruines cherché, trouvé et acheté avec eux, c'était Faucon, dans les Alpes de Haute-Provence. Le rêve prenait corps.

Faucon est leur maison, et la prison leur « résidence secondaire d'avant », comme ils disent. Cette maison de leur enfance, ils l'aiment. Parce qu'elle est solide. Parce qu'ils l'ont bâtie. Parce qu'elle est belle. Parce qu'elle est un lieu où il y a place à l'imagination. Ils l'aiment surtout parce qu'ils y ont trouvé une équipe chaleureuse, forte, aimante. Équipe de huit compagnons qui se refait sans cesse, mais qui soudée, donne à un rêve d'adolescent(es) toute sa plénitude.

Qui sont ces compagnons ?

Des gars et des filles venus de partout et de tous milieux. Actuellement, il y a un Canadien et une Belge. Il y a eu des Suisses et des Arabes aussi. Ils (et elles) ont entre vingt-deux et trente ans. Rarement plus vieux. C'est essentiel pour que le leader de l'équipe que je suis ne vieillisse pas. De plus, ils amènent une sensibilité de ce temps. Ils étaient à peine, ou pas encore, nés lors de ma première rencontre au hasard des rues de Blida avec Alain, treize ans, jeté à la rue et qui m'a mis sur le chemin où je suis actuellement, avec le plein accord de l'Église, il y a vingt-trois ans. Certains et certaines n'ont au préalable aucune vraie connaissance du terrain où ils vont s'engager. Ils n'ont qu'un puissant désir de servir des jeunes en difficulté. Mais presque tous et toutes ont déjà un passé de militant riche de leurs rêves et de leur regard sur le monde. Marc, vingt-quatre ans, a fait un stage de plusieurs mois dans un des villages les plus pauvres d'Indonésie. Pascal a milité, à vingt-deux ans, dans tout ce qui touche à la pauvreté, au chômage et à la misère de sa Haute-Savoie natale. Michel, étudiant, avait, dans son aumônerie de lycée parisien, découvert que les dons qu'il avait n'étaient pas pour lui mais à mettre au service des plus pauvres parmi ses frères. Gaby, religieuse, après des années de catéchèse et de pastorale d'ensemble, sentait qu'apprendre Dieu à des gosses repus n'était pas inutile, mais que vivre avec ceux et celles qui n'existent pour personne était prioritaire. François, paysan breton que j'avais repéré au cours d'un stage d'un mois et qui a tenu à ne nous rejoindre qu'après son service militaire et un diplôme d'agriculteur, lui, on l'a attendu quatre ans.

C'est moi qui recrute d'abord, au hasard des routes et des rencontres. Pas exclusivement. Mais c'est une de mes tâches. Bien sûr, il y a aussi les lecteurs et les lectrices de mes livres qui m'envoient leur candidature. Je me dois d'être très exigeant. Par respect pour le type de jeunes, parmi les plus délaissés et les plus déroutants qui soient, qui nous sont confiés.

Rarement des diplômés atterrissent dans notre équipe. Nantis de leurs diplômes, beaucoup savent déjà tout. Ce qui est suffisant pour que je ne les embauche pas. Et, surtout, leur attestation toute fraîche leur permet d'exiger un salaire supérieur, ce que nous ne pouvons satisfaire : la base du salaire donné étant un Smic très strict. Notre mise en commun de tout ne permet pas que nous ayons une échelle de salaire selon l'âge, l'expérience et les diplômes. Je note cependant que la plupart des compagnons entreprennent une formation d'éducateurs après avoir quitté l'équipe.

« Le compagnon entre chez nous »

Olivier, seize ans, était à l'arrière de la voiture et je l'entendais dire à la personne auprès de laquelle il était assis : « Ce qui est chouette dans l'équipe, avec Guy, c'est que l'éducateur qui arrive doit se taire un mois et vivre avec nous et comme nous. Il n'est ni un loubard ni, encore, un compagnon. Guy exige même qu'il ne conduise aucun véhicule et n'ait aucune responsabilité. Dans les foyers où j'ai été, des jeunes éducateurs arrivés depuis huit jours se permettaient de me donner des ordres et de me commander, alors que j'étais là depuis de nombreux mois. Je l'acceptais. J'étais bien obligé. Maintenant, je ne l'accepterais plus. La technique de Guy, c'est que l'éducateur ou l'éducatrice entre “ chez nous ”. C'est nous qui l'accueillons et qui acceptons qu'il nous serve s'il en est capable. »

J'étais émerveillé d'entendre Olivier parler ainsi. Il avait tout compris.

Il y a deux techniques en effet pour servir les plus pauvres. Ou bien entrer de force chez eux, s'imposer au milieu d'eux sous prétexte de les aider. Ils ne sont alors que des assistés qu'on manipule et écrase en les servant. Là où ils résident, ils ne seront jamais chez eux. Ou bien se faire petit. Accepter d'attendre longuement qu'ils nous donnent le feu vert pour les servir, gagner leur respect sans jamais rien imposer au nom d'un diplôme, d'un titre ou d'une fonction. S'ils acceptent qu'on ait autorité sur eux, cette autorité ils la veulent aimante et forte. Mais ils l'aiment surtout quand ils la sentent humble et servante.

Évidemment, la deuxième technique est la plus dure. Claude l'a ressenti il y a peu : Jacky lui a flanqué son poing dans la gueule, pour sanctionner une douceur que Claude voulait évangélique et qui l'excédait. J'ai dit à ce jeune ce que je pensais de cette méthode brutale. Mais à la réunion qui a suivi, le vote unanime des jeunes était net. Claude ne pouvait les aider et les servir. Ils le lui ont dit avec un tact et une amitié qui m'ont stupéfié. Cela a aidé Claude à partir pour une autre mission où ses dons donneront leur pleine mesure.

Après ce premier mois de partage et de présence silencieuse dans la communauté, cinq autres suivent où, à la fin de chacun, les jeunes votent la possibilité pour le candidat de continuer son stage ou pas. Après ce stage de six mois, il est reconnu compagnon par un vote final. Aucune fête, aucun vin d'honneur. Il est compagnon. C'est tout. Nous pensons en effet que, pour lui ou elle, la vraie fête c'est de servir la communauté jour après jour.

Pas plus de deux ans

A l'étonnement des gens qui apprennent que mes compagnons restent rarement plus de deux ans dans l'équipe, je réponds : « Venez donc faire un tour une petite semaine avec nous. Et vous comprendrez. »

Le type de jeunes que nous servons est très complexe. Refoulés de multiples centres, ils n'ont connu, dans leur détresse avant de nous rejoindre, que la voie de la prison. Donc ils nous arrivent suicidaires, paumés, parfois drogués ou alcooliques, et toujours violents. Je peux donc vous garantir que deux ans avec eux, en mettant toutes ses tripes à leur service, usent assez pour ne pas dépasser ce laps de temps.

A la permanence parisienne, la sonnette retentit toute la journée et la nuit très tard. Mille détresses butent à notre porte. Détresses parfois violentes qu'il faut apaiser. Il y faut de sacrés nerfs. Trois compagnons sont chargés depuis dix-huit ans de ce petit F 3, minuscule mais aux passages multiples et souvent difficiles à porter. Les jeunes confiés par le juge d'enfants restent avec nous à Paris le temps de l'apprivoisement mutuel avant le départ en Haute-Provence. Ce séjour n'est pas très long. Mais il demande de la part de mes équipiers une grande attention. Les premiers contacts avec ces jeunes sont déterminants.

A la Bergerie, c'est tout à fait autre chose. Aucune détresse de passage. Mais des jeunes à « construire » jour après jour, par la chaleur fraternelle, le travail en commun, les loisirs partagés. Un autre type de présence où rien n'est monotone mais où, là aussi, des nerfs à toute épreuve ne sont pas de trop. Cinq compagnons assurent une permanence continuelle entrecoupée, bien sûr, de jours de repos strictement planifiés.

« Huit équipiers me suffisent » est ma réponse chaque fois qu'on me sollicite pour créer d'autres équipes. Je préfère, avec mes huit compagnons, faire bien et aller jusqu'au bout avec un petit nombre de jeunes qu'être débordé sur tous les plans en faisant beaucoup et à moitié.

Les deux équipes, parisienne et provençale, ont leur mode de réunions régulières et bâties sur leur type d'intervention. Elles se regroupent quatre fois par an : à la Toussaint, à Noël, à Pâques et durant un mois l'été. C'est essentiel pour une mise en commun espacée mais régulière face aux mêmes jeunes qui, s'ils vivent la majeure partie de leur temps en Haute-Provence, transhument de temps à autre vers Paris pour retrouver leur famille ou passer quelques jours de vacances avec nous.

« Et toi, comment fais-tu pour durer ? »

« Comment fais-tu pour rester, toi, depuis si longtemps ? » est une question qui m'est souvent posée.

Avoir vécu jour et nuit à la permanence parisienne quand j'étais éducateur de rue, durant de nombreuses années, cela tient du miracle. Je le reconnais. Mais j'ai assez donné. Personne n'est surhomme. Ce temps très dur, très fort, est fini. Si j'avais continué, j'y aurais laissé ma peau, mes os, et mon sacerdoce auquel je tiens plus que tout.

Je partage mon temps entre la permanence parisienne, la Bergerie de Faucon, les visites aux jeunes en prison, leur défense au tribunal et les conférences et messes à travers la France et l'Europe. J'assure bien sûr, fidèlement, mes quarante-huit heures de silence et de prières tous les dix jours. Moyennant quoi, je n'ai pas le temps de m'ennuyer. Mais, surtout, mes occupations contrastées me permettent de trouver un équilibre certain.

J'ai, en même temps, un rôle de formateur pour mes équipiers. Savoir redire les mêmes certitudes, mais surtout savoir écouter ceux et celles qui se lancent avec moi dans la bagarre, est difficile. Cela exige beaucoup de temps, de la patience et une énergie indomptable joints à une grande force que je m'essaie sans cesse de cultiver. Pas facile. Mais je sais où est mon terreau pour une culture intensive de cette énergie et de cette force : une très bonne santé, du sport régulièrement, prendre assez de champ pour bien penser, une écoute constante de mon équipe. Enfin la méditation et la prière.

Mais je veux rester un homme de terrain. Je me vois difficilement (comme on m'a déjà demandé de le faire) dans le rôle de former des formateurs qui eux-mêmes animeraient des animateurs chargés de sensibiliser sur le terrain des éducateurs ! Seul l'humus vivifiant de l'humble et dure réalité quotidienne vécue par mes frères et sœurs de la rue ou de la prison, me donne le droit de continuer à parler et à écrire.

Je dis et je redis que le jour où je ne serai plus consommable, je cesserai de me laisser dévorer. Trop de personnes liées à l'équipe et à notre action me font bien augurer de l'avenir, c'est-à-dire de la suite de tout ce qui a été entrepris. Et puis ce serait mésestimer la Providence que de croire qu'après soi c'est le chaos.

Je m'appuie totalement sur mes compagnons. Sans l'équipe, je ne suis rien. Bien sûr, l'équipe s'appuie sur moi, qui dois être la clef de voûte. Chaque pierre a son rôle irremplaçable.

Qualités demandées au compagnon

Sur les huit coéquipiers, il y a au moins deux femmes. Ajoutons les deux secrétaires, Gaby et Colette, qui m'aident à répondre au courrier et s'occupent de l'administration, aussi lourde que contraignante. Des hommes et des femmes qui ont un équilibre certain et qui le cultivent peuvent seuls rejoindre l'équipe. Les jeunes avec qui nous vivons ont le rare don de le faire apparaître très vite cet équilibre ! Ou, au contraire, d'en montrer, avec la même vitesse, les limites. Limites qui barrent la route d'une candidature, si généreuse soit-elle.

La bonne volonté ne remplacera jamais la volonté de compétence et la compétence elle-même. On peut avoir un cœur gros comme un boeing et être aussi apte à l'éducation que mon arrière-grand-mère à faire du ski de compétition…

Avoir un cœur et des oreilles. Le cœur, en éducation, en est le centre. Pas un cœur gentil, mou, gnangnan, qui laisse dire et faire. Mais un cœur fort, aguerri, pur, qui sait qu'aimer, c'est savoir dire non et ne pas laisser tout faire et tout dire.

Avoir des oreilles grandes ouvertes, pour le silence d'abord, pour le torrent ensuite.

En effet, après un long silence, parfois terrifiant, nos jeunes ne cessent plus de parler, tant ils veulent, sans doute, rattraper des années de non-dit, d'incertitudes, de sable où ils s'enlisaient, de désespoir et de haine qui étaient leur terreau familier et silencieux.

Apprendre que l'échec est plus quotidien que la réussite. Mais que seule la formidable espérance de l' « adulte-roc » fera de l'échec le tremplin d'une possible réussite. C'est une valeur suprême dans ce monde de jeunes qui, dès leur arrivée à notre porte, tentent de nous imprégner de leurs échecs où ils se complaisent sans s'en rendre compte.

Garder une grande joie de vivre dans ce monde de jeunes torturés n'est pas facile. Mais c'est une des qualités qu'ils saluent en priorité quand l'équipier garde, par tous les temps, une grande qualité d'humeur. Cette joie liée à un humour qui jaillit des situations les plus dramatiques, parfois, donne à ceux et à celles qui désespèrent de la vie cette bouffée printanière qui ne peut être que contagieuse.

Notre tâche ne supporte aucun technocrate ni théoricien phraseur. La cohérence de la parole et du vécu est dans ce monde de la rue, où la parole engagée lie plus que partout ailleurs, un impératif nécessaire et sans cesse à travailler.

Enfin une grande droiture face à soi-même et envers l'équipe permet de déblayer très vite les problèmes les plus inextricables et de voir apparaître ensemble les solutions.

Bien sûr, il est essentiel de garder quelques défauts, que nos jeunes débusquent pour leur plus grande joie et notre plus grande humilité ! Et puis c'est important qu'ils découvrent nos limites et nos fragilités. C'est pour eux un choc libérateur qui leur permet d'admettre leur propre vérité. Les surhommes, ils n'y croient pas parce qu'ils savent que ça n'existe que dans les bandes dessinées...

Je relis souvent cette phrase inscrite sur le mur de la permanence par un jeune de passage : « Tout le monde est vulnérable. Même Guy. »

Puissance d'équipiers chrétiens

Je n'ai jamais embauché un équipier à la seule vue de ses références chrétiennes. Toute philosophie, tout humanisme, toute religion qui convergent vers l'amour de l'autre, le partage, la solidarité active, sont admis dans l'équipe. Par contre, j'ai une sacrée peur de l'Esprit-Saint que certains ou certaines m'ont affirmé avoir reçu pour le service des loubards ! Tous et toutes sont repartis très vite après un court essai, la mine penaude. Quelques-uns parmi mes équipiers m'aident à prier régulièrement. C'est une sacrée chance et une puissante grâce. Avoir ensemble le même amour du Christ, et le même regard vis-à-vis des plus petits dont nous partageons la vie, centuple notre énergie. C'est Marc qui me disait l'autre jour : « Quelle chance vous avez, vous les chrétiens, de savoir que la Croix mène à la Résurrection. Quelle putain de force ça vous donne ! »

Je lui ai répondu que nous n'avions pas le monopole de cette lumière éblouissante et de la force qui en découle.

En attendant, je sais que faire descendre

régulièrement l'amour dans mes mains d'argile à Faucon, entouré de chrétiens et souvent de ceux et celles, parmi les jeunes, qui désirent assister à l'Eucharistie, c'est le cœur de notre action.

Puissent-ils un jour savoir, s'ils ne le savent pas déjà, que l'Amour qui nous hante, quelques-uns de mes compagnons et moi-même, vient de là et de nulle part ailleurs !

Jeunes et bêtes

Fascinés par les animaux

« Viens voir, Guy », me dit de loin Jacky. J'accours au parc des marcassins. Les grognements sont le signe, à cinq minutes près, de l'heure du repas. « Tu vois, le " petit clown " est dans l'auge, il attend la bouffe. Et regarde, les autres autour, ils n'osent pas avancer. »

En effet, je vois le plus petit des sept marcassins au milieu de l'auge, levant la tête vers Jacky, et les six groins de ses frères et sœurs sont posés sur le « plat » qui vient d'être nettoyé avant le repas.

Ce marcassin est le plus petit de la dernière portée. Malingre et moitié moins gros que les autres, il a un air drôle et tendre à la fois qui fait rire et pitié. D'où son surnom de « petit clown ».

Jacky m'explique : « Il ne bouffe que les

restes des autres, et quand ils lui en laissent. C'est des sauvages. Ils l'auraient laissé crever de faim. On a habitué le plus petit à venir manger le premier. Il sait qu'on le protège. Dès qu'on arrive, il fonce dans l'auge et mange. Dès qu'on part, les autres le vident de là. Mais c'est trop tard, il a le ventre plein. »

Dans le parc à côté, le couple des amoureux. Un énorme mâle et sa femelle.

Les cent quatre-vingts kilos du sanglier impressionnent beaucoup les mecs. Ils savent, par des chasseurs et des paysans du coin (la forêt qui nous entoure est une réserve où les sangliers sont nombreux), que cette bête est aussi apprivoisable qu'un chien. Mais il arrive aussi qu'elle redevienne d'un seul coup sauvage après s'être frottée contre vous, et avoir longuement mendié vos caresses. Il vaut mieux alors déguerpir au plus vite, ce satané animal peut être dangereux.

S'en souviennent ceux et celles qui ont assisté, l'an dernier, à un combat à mort entre le porc et le sanglier. Ce dernier, voulant partager les faveurs de la truie, a bondi de son enclos, en trouant le grillage comme il l'aurait fait d'une dentelle.

Il s'est alors trouvé en face de l'énorme porc qui a voulu défendre sa belle.

Les mecs et les filles, attirés par les grognements furieux, ont assisté, impuissants, au combat des trois cent cinquante kilos de viande qui s'affrontaient. Les deux mâles ont expiré peu après la lutte sauvage qui les avait opposés.

Quand je vais apporter au couple sanglier une gourmandise, mes chiens, le comprenant, foncent en aboyant vers l'enclos. Ils semblent être fort jaloux de l'intérêt que je leur porte. Ils aboient comme des fous devant le grillage renforcé.

Le mâle semble prendre plaisir à cette agression sans danger pour lui. Il court du grillage au centre de son parc en caracolant de joie. Et puis, d'un seul coup, il vient saisir dans ma main la pomme dont il raffole.

Jean-Christophe, dès son arrivée à la ferme, m'accompagnait chaque fois que j'allais voir les sangliers. Destructuré, il refusait toutes les tâches. Il passait des heures à regarder la famille sanglier retourner inlassablement la terre, s'amuser, se battre et manger. Il était fasciné par le mâle qui ne se déplace que pour l'essentiel : la bouffe et ses besoins. Il contemplait cette énorme masse en comprenant difficilement, après l'avoir arrosé au jet d'eau pour lui faire une toilette, qu'il se roule aussitôt dans la boue.

Jean-Christophe ne sortait de son mutisme

alarmant que pour s'intéresser aux mœurs et coutumes de ces bêtes sauvages. Il est maintenant un des éléments les plus actifs de la communauté, avec l'apiculture pour passion.

Angelo était devenu intolérable pour la communauté. Il devait partir dans une famille d'accueil. C'était convenu entre lui et l'équipe. Et puis, un matin, il aperçoit sept minuscules marcassins qui, derrière leur mère, à la queue leu leu, sortent de leur caverne aménagée.

« Ils sont nés. Ils sont nés ! » criait-il partout pour rassembler la communauté autour de l'événement du jour. Et puis il ajoute : « Je reste et je me tiendrai bien. » Je peux certifier que ces sept petites bêtes ont été pour Angelo une sacrée planche de salut.

Il a tenu le coup grâce à elles plusieurs mois. Rien n'a été facile. Mais c'était vivable enfin.

Les bêtes règlent notre vie

Il nous apparaît, depuis que la Bergerie de Faucon prend sa vitesse de croisière, que dans cette minisociété que nous bâtissons dans ce coin des Alpes de Haute-Provence, le jeune et l'animal sont étroitement solidaires et dépendants.

Notre vie là-bas est réglée sur celle des animaux.

Nombreux sont les jeunes qui, de retour à la ville, m'ont dit combien leur manquaient ces matins auréolés de brouillard que le soleil ne perçait pas encore. Et surtout les mille cris des bêtes attendant chacune sa pitance.

Il faut avoir entendu et répertorié les appels des dix-neuf espèces d'animaux qui composent notre ferme, pour comprendre.

La bête domestiquée attend tout des hommes. Les jeunes que nous servons n'attendent, pour la plupart, plus rien de personne, et pensent qu'ils n'ont rien à apporter à quiconque.

D'un seul coup, projetés dans cette arche de Noé, ils se sentent très utiles. D'où leur intérêt très fort vis-à-vis des animaux qui attendent tout d'eux.

C'est leur premier contact en arrivant là-bas.

Il est fréquent que, cinq minutes après son arrivée, un nouveau se retrouve le seau à la main pour nourrir la vache ou les cochons.

Bien sûr, au départ c'est très gratifiant, et tellement nouveau, que la joie d'être utile les pousserait à nourrir les bêtes plutôt deux fois qu'une.

Se lever à 8 heures tous les matins pour nourrir les bêtes, et être là impérativement à 18 heures pour recommencer à les servir, c'est rapidement moins enthousiasmant.

La règle est stricte, et ne supporte pas de manquements.

Ça grince de temps en temps mais l'habitude s'instaure rapidement d'être à l'heure. Et puis les jeunes trouvent vite quelle sorte d'animal les branche le plus. Ils passent des poules à la vache ou des sangliers aux abeilles, sans transition. Mais ils doivent se tenir un certain temps à un type d'animal précis afin d'apprendre les gestes, les aliments, les quantités à donner. Après plusieurs mois de présence, ils peuvent nourrir et soigner tous les animaux de la ferme.

La tâche des compagnons est de travailler avec eux et de vérifier que tout s'est fait correctement.

Cette tâche est exigeante. Elle fait appel à la responsabilité individuelle, elle provoque des discussions qui ne sont pas sans intérêt. Mes compagnons veillent à expliquer souvent le pourquoi de telle nourriture, tel soin particulier ou tel geste à ne pas faire.

Parfois aussi une sanction tombe, proportionnelle au mal causé aux animaux.

Rachid était d'une négligence rare. Il soignait les pigeons, ce qui est la plus facile de toutes les tâches. J'avais constaté plusieurs fois que les écuelles d'eau étaient presque vides. Cet été-là était torride.

J'avais dit à Rachid ce que j'en pensais. Un jour, à midi, je constate que les écuelles sont vides. Les pigeons, pourtant assez farouches, s'agrippent, affolés, derrière le grillage en m'apercevant. Je leur donne de l'eau. Les quatre-vingts pigeons, assoiffés, se précipitent. J'appelle alors Rachid : « Tu ne me quittes pas d'une semelle jusqu'au coucher du soleil et tu ne boiras pas une goutte d'eau. Tu sauras ce que c'est que d'avoir soif... comme les pigeons. »

Depuis, il a fait un excellent parcours, puisqu'il a passé un diplôme d'agriculteur. Ancien, il lui arrive de rappeler aux jeunes de maintenant ce moment pénible mais dont les fruits ne se sont pas fait attendre.

Cette vie en plein air où les bêtes sortent régulièrement, mangent écologiquement et sont entourées d'affection, c'est autre chose que ces élevages de veaux entassés dans de véritables camps de concentration, sans lumière naturelle, dans un box étroit où il leur est impossible de se coucher.

Je visitais un jour un centre de drogués en pleine nature. J'ai tenté, mais en vain, d'expliquer aux éducateurs que donner comme occupation, à des jeunes particulièrement difficiles, l'élevage à la chaîne de deux mille poules, enfermées nuit et jour dans un hangar sans lumière, ce n'était sans doute pas la meilleure façon de les aider à se libérer de l'enfermement dans lequel la drogue les avait mis !

Apprendre à apprivoiser

Au début, le jeune qui arrive saute d'une bête à l'autre. Il voudrait toutes les soigner, les nourrir.

La précipitation qu'il met pour les cajoler n'est pas du goût de ses partenaires. Très vite, il comprendra que sa violence verbale et gestuelle est la dernière des approches. A chaque geste brutal, la bête apeurée fuit devant cette agressivité qui se veut pourtant amicale.

A nous d'apprendre à chacun des jeunes le geste doux et lent qui apprivoise. Et surtout l'attente silencieuse et amicale qui sera récompensée par le coup de langue de la chèvre ou le frottement tendre du poulain.

Quand je vois Francis, après des semaines et des semaines d'approche, me montrer triomphalement qu'il est le seul à pouvoir monter l'âne, je me dis que Martin a beaucoup plus de talent d'éducateur que nous !

Il n'est pas rare qu'ils nous offrent ou qu'ils nous demandent d'acheter des livres sur des animaux particuliers.

Gabriel, connaissant ma passion pour les pigeons paons, m'avait offert un livre qu'il avait d'abord dévoré. Après lecture, ensemble, nous sommes passés aux travaux pratiques. Émerveillé, il a su tout de suite prendre le premier pigeon comme il l'avait lu et le reposer doucement devant son nid. Le pigeon ne fuyait plus. La douce pression et les caresses à des endroits précis enlevaient tout risque de fuite éperdue et de panique dans le pigeonnier.

Ces petites victoires, mine de rien, donnent à ces adolescents confiance en eux-mêmes. Et surtout, surtout, leur apprennent que la bonté désarme tout, vainc tout.

Jouer avec les animaux

Philippe m'appelle. J'arrive. Il siffle les chevaux, puis il se couche par terre et ne bouge plus. Au bout d'un moment, la femelle et son petit se couchent à côté de lui, leur tête contre la sienne. Philippe rayonne de plaisir.

La puissance et l'innocence sont réunies...

Momo nous a révélé ses dons étonnants. Je l'ai vu, un jour, jouer avec le bouc. Ce dernier, très beau et de grande taille, fonçait sur Momo qui l'appelait en avançant, la tête baissée. Les cornes impressionnantes fendaient l'air et, à la dernière seconde, effleuraient seulement le front du gars ravi. Le même jeu continuait, Momo montant sur une grosse pierre, le bouc le délogeant ou vice versa. Quand on sait que de telles cornes peuvent assommer, voire tuer, on ne peut qu'admirer le lien particulier qui unit parfois l'homme à la bête.

Ce sont bien sûr les chiots que Caprice et Sultane nous font régulièrement qui sont au hit parade du jeu, bien que les petits de Caprice soient quasiment sauvages.

Elle se complaît, en effet, à les faire naître dans un terrier de renard abandonné. Pour les découvrir, il faut longuement pister Caprice et attendre qu'elle consente à nous ramener de la montagne sa famille au grand complet.

Combien de fois n'a-t-on pas découvert un mec qu'on cherchait partout, couché dans la paille en train de jouer avec la famille chien !

Difficile moment quand les petits partent dans des mains amies. Il est exclu que nos jeunes puissent les garder. Mais c'est la loi, appliquée strictement.

Nous avons constaté, en effet, que les mecs amoureux des chiens, les élevaient « à la loubarde ». Encore instables, partant et revenant sans cesse, ils nous les confiaient pour des périodes plus ou moins longues. Résultat ! on s'est retrouvés à une époque avec une meute de dix-sept chiens sans maîtres bien définis. Inutile de préciser à quels ennuis domestiques nous exposait une telle horde de clébards quand, notamment, les femelles étaient en chaleur.

Les occasions de conflits entre jeunes sont trop fréquentes pour ne pas, tous les quarts d'heure, régler celles que nous offrait la gent canine.

Ils ne sont plus que trois chiens, aimés et choyés. C'est très bien ainsi.

Mort des bêtes

Titus était le premier veau né à Faucon.

Castré jeune, il devint ce qu'un bœuf bien nourri peut devenir au bout de deux ans : une énorme masse de sept cents kilos de chair et d'os. Il était la douceur même. Taquin et fantasque, il sortait de son enclos et adorait jouer sans, bien sûr, se rendre compte de la fragilité des humains.

Il suivait les mecs partout. On l'a retrouvé un après-midi dans la salle à manger qu'il visita avec soin en laissant... des traces qui provoquèrent l'hilarité générale et une interdiction définitive de fréquenter la maison.

Vint le temps de le faire abattre. François, notre compagnon paysan, au cœur apparemment sans émotion quand il fallait tuer les bêtes, ne put d'abord se résoudre à l'emmener à l'abattoir. Il le fit quand même, suivi d'une poignée de mecs et de filles qui accompagnèrent Titus jusqu'à sa dernière demeure.

Pour être précis, notre congélateur fut son tombeau et nos estomacs, durant cinq mois, le lieu exact de son repos éternel.

Des photos, et le souvenir ravivé autour d'excellents pot-au-feu, nous le rappellent en train de meugler sur scène au lever du rideau, au milieu des artistes, lors de la dernière pièce jouée à la fête d'été de Faucon.

Quand des bêtes tissent notre vie d'une telle présence, on comprend la difficulté de s'en séparer. On y arrive toujours, mais parfois avec quelque difficulté. C'est toujours l'arrivant qui, s'attachant très vite aux bêtes, n'accepte pas leur mort. Celle des chevreaux notamment.

Quand vous nourrissez des cabris qui attendent tout de vous, vous appellent à l'heure de la soupe et jouent, follement, avec vous une fois rassasiés, il est dur de les voir mourir.

Alberto s'était attaché à une chevrette blanche comme neige. Elle le lui rendait bien. Quelle scène quand il fallut en faire un gigot !

Mutisme absolu d'Alberto pendant toute une journée et, bien sûr, refus de manger à tout jamais un seul morceau de viande. La période de deuil passée, Alberto a oublié ses velléités végétariennes.

Les jeunes, tous citadins, n'ont jamais pensé que la viande, vendue à Paris et qu'ils avaient dans leur assiette, pouvait venir de bêtes auxquelles on s'attache.

La bête tisse notre vie de sa chair. C'est la loi de la vie. Il faut s'y faire.

Et puis Cellem, notre spécialiste d'abattage, a l'art de faire passer de vie à trépas avec le minimum de douleur, tant son couteau est rapide et efficace.

La chèvre Malika, elle, put vivre très vieille. Arrivée la première à la Bergerie, et malgré son inutilité totale, elle coula des jours heureux avant de rejoindre le paradis des animaux.

Financement et production

Les bêtes, suffisamment nombreuses pour assurer un travail quotidien pour tous et toutes, ne sont « financées » que par nous et par des amis. Les dons privés sont pour nous essentiels. Ils viennent à 80 pour cent de petites gens, pas riches, mais qui veulent partager.

La Bergerie de Faucon vit en grande partie grâce à eux. Je ne sollicite pas les dons, ayant depuis tant d'années vérifié que la Providence nous devance toujours et partout.

La priorité pour nous est de vivre le plus proche possible des jeunes dont nous avons la charge.

Quant aux jeunes, ce qui leur importe c'est que nous soyons à leur service.

On a bien sûr des problèmes d'argent. Je dirais... heureusement !

J'ai vu assez d'associations pleines aux as mais n'éduquant plus, quand elles ne font pas de bénéfices sur le dos de ceux et celles qu'elles devraient servir.

Je préfère rester un capitaine toujours désargenté, mais maître avec mon équipage, d'un bateau qui avance, même s'il avance cahin-caha.

Ces jeunes travaillent pour vivre, pas pour produire. Nous leurs apprenons que le travail en commun, sur cette terre superbe, a triple nécessité : économique, physique et spirituelle.

Il faut qu'ils sachent, après la déroute totale où ils étaient, qu'ils doivent commencer à gagner par le travail ce qui est nécessaire à leur subsistance. Cette activité physique qui plaît à leurs jeunes muscles doit avoir un caractère épanouissant malgré sa dureté. Elle les équilibre, et parfois de façon étonnante. Il est bien sûr important qu'ils voient le résultat de leurs travaux.

Les cinquante kilos de miel obtenus avec nos quatre ruches, les œufs, le lait de la vache, les fromages de chèvre, la viande produite, les jambons des cochons, tout cela est bien agréable à trouver dans son assiette.

Les jeunes se disputent les peaux qu'ils tannent et les cornes qui décorent la salle à manger. Un peu de laine de mouton est aussi récupérée.

Il y a, bien sûr, en plus, un petit élevage folklorique. Le ménate et le faucon (qui va arriver), un couple splendide de faisans dorés (morts au plus dur de l'hiver), l'âne et le shetland donnés par des gens ne pouvant plus les garder sont parfaitement inutiles. Tous ces animaux remplissent par leurs cris et leur tendresse un espace inassouvi chez nos jeunes : leur cœur. Peut-être alors, justement, ces animaux sont-ils plus utiles que les plus productives des bêtes ?

Depuis le début de la création de la Bergerie, nous voulons ne pas voir trop grand. Pourtant nos deux hectares de terre cultivable ne nous suffisent plus. Un paysan, dont les terres sont proches des nôtres, vient de nous vendre six hectares de prairie. Un ami les a achetées pour nous les offrir.

Providentiel acquis qui nous permettra, nous l'espérons, de nous suffire un jour à nous-mêmes pour l'alimentation des gros animaux.

Notre production jusqu'à maintenant est dérisoire. Mais c'est la nôtre.

Manger le produit de notre terre et de notre élevage a le parfum inestimable du fruit de notre sueur.

C'est la fierté des gars et des filles de Faucon.

Qui apprivoise qui ?

S'il n'est pas toujours facile, pour les jeunes de Faucon, d'assumer les tâches quotidiennes, ils font volontiers des heures supplémentaires quand il y a péril dans la nichée.

Un jour, on constate que la portée de lapins a littéralement dévoré le ventre de la mère, morte bien sûr. Trop de petits pour trop peu de mamelles.

Près du feu, plusieurs fois par jour, il fallut allaiter à l'aide de minuscules biberons les dix marmots lapins. Les jeunes, parmi les plus durs, dévoilèrent alors des gestes de tendresse qui nous étaient habituellement inconnus.

Tous les petits moururent, l'un après l'autre. Sauf un. Victoire fragile. Un soir, on entendit de petits cris. On se précipita. Il était resté coincé derrière la lourde plaque de fonte de la cheminée où il avait cherché un surcroît de chaleur.

Il mit heureusement peu de temps à mourir. Les jeunes, silencieux devant la cheminée, entendaient tristement, sans pouvoir intervenir, décroître la vie qu'ils avaient mis tant d'amour à maintenir.

Il y a des tâches multiples à accomplir sur cette terre de Provence ; en automne, aller couper le bois dans la forêt pour l'hiver, récolter des champignons, refaire le pigeonnier, consolider les enclos, sortir le fumier, etc. Tout cela gonfle les muscles, apprend à manier les outils et donne à chaque journée son poids d'effort et de travail côte à côte.

Mais se laisser apprivoiser par les humains et les bêtes et les apprivoiser reste l'outil de travail le plus efficace, car le plus riche par la qualité de la relation humaine et animale.

Les bêtes nous donnent leur peau, leur chair, leur lait, leurs œufs. Elles nous prêtent aussi leur flair, leur regard, leur force et leur beauté. Mais surtout elles nous accordent leur compagnie et leur émouvante fidélité.

Tout ce qui vole, nage, rampe ou galope participe à un mystérieux et immense équilibre. Cet équilibre passe dans des jeunes atrophiés quelque part.

Impossible d'écrire tout ici. Ce serait trop long. Mais nous savons, après quinze ans de vie en Provence, que tout ce qui se vit là-bas, au contact de la nature et d'une équipe forte et chaleureuse, apporte à ces jeunes meurtris un équilibre certain. Il sera, pour le monde qu'ils devront affronter et pour lequel on les prépare, une arme pacifique d'une grande efficacité.

Humains et bêtes : hymne à l'amour

Un jeune de notre équipe, abandonné par ses parents à l'âge de huit ans, les avait retrouvés après un long travail de recherche. A sa majorité, il est allé les voir plusieurs fois. Un jour, il a coupé les ponts. Je lui demandai pourquoi. « Ma mère, qui m'a martyrisé quand j'étais petit, m'a un jour, en me nettoyant violemment les oreilles, crevé un tympan. J'avais pardonné, malgré ma demi-surdité qui me rappelait les nombreux sévices subis. Et puis, à ma dernière visite, elle a dit ceci devant moi, quand elle a appris que le chien du voisin était régulièrement battu : “ On devrait mettre ces gens en prison. Comment peut-on martyriser une bête sans défense ? ” Je me suis tu. Et je suis parti. Je ne reviendrai jamais. »

Après cinq ans avec nous, je découvrais le pourquoi de la tendresse et de la violence de Marc. Ce jeune m'a souvent émerveillé par l'immense tendresse de ses gestes envers des animaux. Il savait mieux que quiconque approcher toute bête, même dangereuse.

Je te dédie ces pages, Marc. Le jour où je t'ai vu, toi si dur pour les humains, soigner tendrement un canard handicapé à la naissance et cruellement frappé par toute la troupe des oies, j'ai chanté dans mon cœur un hymne à l'espérance.

Le canard a survécu et je me souviens de ta joie.

Tu as réussi à t'en sortir. Parce que, sans doute, tu as pansé tes propres plaies en allant d'instinct vers l'être le plus faible. Toi, l'écorché vif, tu t'es investi comme tant d'autres dans les bêtes que tu ne pouvais supporter de voir souffrir. Elles te rendaient bien cette affection qui te faisait grandir.

Et puis tu m'as dit un jour en parlant de notre équipe :

« Je ne pensais pas qu'on pouvait tant aimer. »

Tu l'as bouffé cet amour. Maintenant, tu le donnes.

Chaque fois que je te vois, je chante dans mon cœur un hymne à l'amour.

Mes deux amours : l'Église et la rue

Mes deux amours :
l'Église et la rue

Mon premier amour est l'Église.

Mon entrée au petit séminaire de Saintes, en octobre 1948, me faisait entrer dans l'Église sans que je le sache encore. Cet appel aussi impérieux que brutal, à treize ans, je ne pouvais en deviner encore la puissance, la richesse et la fécondité. Je pleurais dans mon lit, le premier soir, toutes les larmes de mon corps, sachant que j'avais sauté du merveilleux nid familial et que je prenais un mystérieux envol vers des terres lointaines et inconnues.

Des années d'études, de prières, de méditation m'enveloppèrent de tendresse et de force ecclésiale, malgré le carcan d'alors où on risquait, par exemple, la porte seulement parce qu'on discutait avec un confrère dans sa chambre. L'interruption de la guerre d'Algérie cassa l'atmosphère rythmée, studieuse et priante de mes études théologiques.

Elle m'apportait, face à la mort et à la haine

côtoyées dans un combat fratricide que je refusais de toute mon âme, la vérification de mes premières certitudes : rien ne se fait de grand sans l'union à Dieu. Ma connerie insondable ne pourra être contrebalancée que par l'assurance que Dieu peut tout. Toute souffrance doit nous vriller le cœur. On n'a pas assez de toutes nos forces pour annoncer l'Amour, et on n'a pas une minute à perdre pour le vivre et le crier.

La tonsure, grand moment de l'ancien temps, nous faisait entrer dans l'Église officiellement. Le sous-diaconat nous préparait à nous jeter corps et âme dans le combat pour l'Évangile. Le jour de l'ordination sacerdotale était l'éblouissant moment où la foule des parents et amis entendait le fameux « Promitto » (« Je te promets obéissance ») prononcé la main dans celle de mon évêque.

Au début de mon ministère, le premier regard d'un enfant perdu dans les rues m'a transpercé le cœur et m'a fait découvrir mon deuxième amour : la rue et tout ce qu'elle véhicule de détresse, de désespoir, de souffrances et de solitude.

Les bistrots, les milieux louches et, bien sûr, la prison où le piège se referme sur ceux et celles qui hantent la rue, sont l'humus où mon sacerdoce se fortifie sous le regard constant et chaleureux de l'Église.

Ces deux amours sont-ils liés ? Oui, absolument. Et pourtant la morale des rues et celle de l'Église sont incompatibles. A moi de rester ancré à des piliers indestructibles, sans lequels la rue m'aurait détruit. Il me faut m'agenouiller chaque jour devant Dieu pour garder le regard du Christ, sans lequel désespoir, souffrance et haine côtoyés journellement m'envahiraient et me détruiraient.

Et Dieu est-il là où je vis ? Mystérieusement, il m'atteint tous les jours depuis vingt-trois ans. Je lis et médite tous les jours un morceau d'Évangile. Mais parfois j'ose dire que le regard des plus petits de mes frères et sœurs me suffirait pour alimenter en moi une source inépuisable. Leur regard, leur cœur, leurs souffrances éclatent de vie divine.

Ces années ont passé comme un jour. Quand l'amour guide une vie, le temps est sans prix et il passe mystérieusement à grande vitesse. Mais le fait de s'impliquer totalement dans la minute présente donne, les années passant, un goût permanent d'éternité qui annonce l'Amour définitif, total, auquel Dieu nous invite. On ne peut que désirer se plonger dans cet Amour éternel.

Mais il est déjà là. A portée de la main. Dans

l'instant présent. C'est la joie que personne ne pourra nous ravir, joie propre à tout chrétien quand il vit deux amours : celui de l'Église et celui du milieu dans lequel il sait que c'est là, et nulle part ailleurs, qu'il doit être sacrement de l'amour.

J'aime l'Église

J'aime l'Église avec passion, avec force, avec tendresse. Mais pour vraiment l'aimer, il faut être dedans et dehors à la fois.

En plein cœur de l'Église, je ne peux que me baigner dans son mystère d'amour. L'Église éclate d'amour. Son message n'est qu'un hymne d'amour. Le Dieu qu'elle prie, implore, remercie et à qui elle demande pardon, s'appelle Amour. Jamais je ne me lasserai d'être, à cause de cela, un amoureux passionné de ce qu'elle est et du message prodigieux qu'elle porte.

Quand je la regarde de l'extérieur, je conteste ses lenteurs pesantes, son autosatisfaction, son triomphalisme, son cléricalisme et sa puissance.

Durant des siècles, elle a usé d'anathèmes, d'interdits, de son pouvoir d'excommunication. Bien sûr, beaucoup de choses ont changé depuis Vatican II. Jean XXIII et Paul VI ont libéré l'Église de ces inadmissibles pressions antiévangéliques.

Mais elle continue à blesser, parfois très profondément, les gens. Elle continue à meurtrir les femmes, toujours laissées pour compte, à part quelques os à ronger pris avec parcimonie sur le méchoui royal auquel seuls les hommes ont droit.

Elles souffrent de constater qu'elles n'ont pratiquement pas voix au chapitre dans l'élaboration des orientations et des textes de l'Église, surtout dans les matières qui, comme la procréation, la contraception, la morale sexuelle et familiale, les concernent au premier chef. Comme disait l'une d'elles : « Les lois qui nous concernent, ce sont les hommes qui les font. Mais dans l'Église, c'est pire encore : ce sont des vieux et des célibataires. »

Elle a marginalisé et elle marginalise encore ceux et celles qui osent lui dire en face : « Église, tu te trompes. »

Elle reste, avec ses théologiens et ses hiérarchies, un guide indispensable mais elle est souvent têtue, entière, ne laissant place qu'à un minimum de changement, refusant qu'on touche aux fausses sécurités qui l'habitent.

Elle aime les jeunes mais elle n'a pas encore compris qu'ils s'ennuient ferme à la messe. Que pour eux l'obligation hebdomadaire est un « carcan ». Nos Eucharisties sont pour eux encore trop lourdes et trop formalistes.

Les jeunes y trouvent un langage usé, encore inadapté. Enfin les prières en « crottes de bique », comme ils disent, sont plutôt pour eux un rituel. Ils aimeraient une prière plus improvisée, vivante, et qui les porterait loin en dehors du temple.

Elle porte avec Jean-Paul II une formidable présence évangélique. Mais elle a le devoir urgent et impérieux de refuser sans cesse cette image d'idole papale qu'elle vend comme des petits pains, aussi bien sur des assiettes, des médailles ou des cuillères.

Les médias l'apparentent trop au pouvoir d'un super chef d'état ou au choc glacé d'un Mikael Jackson.

Elle a à revoir sa pastorale des divorcés. Un couple que je connais vient de se marier allégrement devant Dieu après avoir divorcé deux fois chacun. Mais les conjoints n'étaient pas passés auparavant par l'Église. D'où la possibilité de cette démarche religieuse, quelles qu'aient été les infidélités passées. Formalisme, quand tu nous tiens ! Les divorcés ont besoin de l'amour de l'Église. Or ils ne se sentent pas aimés. Il faut que l'Église, par sa pastorale et son enseignement, ne les heurte pas mais les conduise sur le sentier de l'accueil, du dialogue et de la tendresse évangélique.

Elle a pour les intégristes une formidable patience. Elle n'a malheureusement pas pour la théologie de la libération la même mansuétude.

Dans le domaine politique, avec Jaruzelski, elle tire à boulets rouges. Avec Pinochet, elle compose et le gronde sans plus. Lui, entre deux messes et deux bains de sang, continue à tyranniser et tuer au nom de ce qu'il appelle valeurs évangéliques.

Elle a, face à l'argent, à retrouver la virginité des béatitudes. Les récents scandales banquiers du Vatican l'assimilent aux financiers de tous les temps, pour qui l'argent n'a pas d'odeur.

J'aime que le pape, sans cesse, recommande aux prêtres de ne pas flirter ou s'impliquer en politique. Le métier de politicien est en effet un métier où il faut séduire pour persuader et, évidemment, dominer. Le prêtre lui aussi veut convaincre mais surtout pas pour plaire. Sa parole est un outil qui doit faire jaillir l'amour à chaque phrase. Parole percutante donc, forte, universelle, parfois dangereuse pour lui. Mais il s'en fout. Il ne transige pas avec la vérité. Sinon sa parole est vaine, écoutée seulement par un clan, et donc dérisoire. Tout clerc qui ne garde pas ses distances avec la politique perd son intégrité. La Parole de Dieu est un glaive qui donne à l'Église une force redoutable à condition qu'elle proscrive la langue de bois, qui, si elle est celle des politiciens, ne peut être la sienne.

Elle n'a à peloter personne. Elle a à garder sa fabuleuse crédibilité dans le parler vrai qui est celui du Christ. Il en est mort. Elle ne mourra jamais. Parce que le Christ, vivant en Elle et par Elle, lui donne la force invincible qui depuis deux mille ans la vivifie et la dynamise.

Ceux et celles qui, tels Monseigneur Romero ou le Père Jersy, meurent à cause de cette parole qu'ils n'ont jamais voulu autre que Parole de Dieu, leur martyre les ceint de la pourpre cardinalice. On devrait la leur donner à titre posthume. Au lieu de la conférer, parfois, à de vieux radadas d'évêques qui risquent de n'être dans l'Église que des experts en gérontologie pontificale !

L'Église n'a pas encore saisi et mis en acte le fait que le christianisme est d'abord, pas exclusivement mais D'ABORD, la religion des pauvres, des exclus et des esclaves. Elle porte encore un poids trop écrasant de biens, de puissance et d'argent pour le reconnaître et pour donner aux plus pauvres la mission de la guider.

Elle n'a pas le monopole de l'Amour. Elle le

sait depuis peu. Elle ne le dit pas assez... Le Christ a mille manières d'être, hors Église, enfoui dans le cœur de tous et de toutes, notamment les plus souffrants et les exclus de tous bords. Il reste que c'est par elle en priorité — mais pas exclusivement —, et avec la grâce qu'elle véhicule, que le message évangélique passe.

Oui, j'aime l'Église.

Je veux m'impliquer totalement dans ce qu'elle a d'éternel, sans jamais craindre, moi pécheur, de dénoncer ses manques et ses faiblesses qui sont les miens.

Invité en Suisse à échanger avec des jeunes, je commençai ma tournée en visitant longuement les sœurs du Carmel. Et je le précisai le soir devant la foule des jeunes. Après la conférence, un jeune m'a fait cette réflexion superbe : « J'ai compris quelque chose de très fort ce soir, quand tu as affirmé que la prière des sœurs cloîtrées te portait pour ton ministère dans les rues de Paris.

— C'est le mystère de l'Église, lui ai-je répondu. Mystère de la communion des saints, mystère de contemplation et d'action. Tu n'auras pas assez d'une vie pour en comprendre la beauté et la force. »

La paroisse…
c'est comme la Samaritaine

… On y trouve de tout. Des anciens et des jeunes. Des femmes et des hommes. Des lardons braillards et des mômes attentifs… Des célibataires et des couples. Des fidèles et des divorcés. Des bourgeois et des ouvriers. Des pécheurs qui l'avouent et d'autres qui le cachent. Des saints et des tièdes. Des mous et des forts. Des habitués et ceux qui sont de passage. Ceux et celles qui ont leur place attitrée, ce qui les fait arriver à l'heure pour prendre possession de leur chaise (cette espèce est en voie de disparition). Les uns sont toujours devant. Les autres préfèrent n'être pas loin de la sortie.

Certains anciens ont le culte de la forme (au curé de se munir de boulettes de mie de pain pour faire passer les arêtes verbales qui ne passent pas facilement).

Les jeunes, eux, s'en foutent. S'ils restent encore, c'est pour entendre seulement une parole vivante qui sort des tripes et les fera vivre. Les mômes écoutent et ne perdent rien si le prêtre a la grâce de leur parler, au moins un moment, dans un langage aussi simple que les cœurs qui l'accueillent.

Les divorcés ne quittent pas le temple s'ils sentent que leur drame conjugal n'est pas vu au bout du fusil de la condamnation, mais avec le cœur de celui qui souffre avec eux et les aide, par les sacrements, à assumer une souffrance qui n'est pas forcément celle d'un pécheur.

La prostituée (tant qu'elle ne sent pas peser sur elle l'œil égrillard et réprobateur de ceux qui ont pu la baiser la semaine passée) pourra arpenter les allées de l'église pour y trouver une place. Quand elle cherche et trouve, bien sûr, les appuis nécessaires pour que son existence ne soit plus circonscrite dans quelques mètres carrés de trottoir.

L'homosexuel trouvera sa place lui aussi, s'il sent que sa déviation sexuelle n'est pas abordée par l'église avec la tendresse d'un gorille en chaleur. Déviant oui, mais chrétien essayant d'assumer la difficulté de vivre une différence fondamentale qu'il n'a pas voulue.

Les saints, assoiffés de l'Eucharistie, savent trouver dans toute messe le feu qui les consume. Ils seront les premiers à dire à leur prêtre et aux paroissiens que leur soif de Dieu a besoin de la sainteté de tous pour les réchauffer.

Les tièdes, eux, rituellement habitués à « leur messe », ne diront rien, pourvu que la liturgie les entretienne dans leur confort religieux. Plus la paroisse est tiède, plus le prêtre doit se poser de questions.

Le militant à la foi enracinée bousculera par ses interrogations le pasteur et la paroisse. Pour peu que le prêtre et ses paroissiens ne ressentent pas comme une agression chaque interpellation ! Il ne décrochera jamais mais se barrera ailleurs si l'Eucharistie qu'il veut vivre est décollée de la vie, des petits et de son combat quotidien.

Le clochard de service, lui, est à la porte. Ce qui se passe à l'intérieur est vide de sens si les chrétiens se foutent complètement de ce qu'il vit de misère, de solitude et se contentent de lui donner royalement une piécette. Reste l'immense peuple qui est dehors et qui n'entendra de la paroisse que le bruit des seules cloches, si ceux et celles qui s'y rassemblent, la messe finie, n'ont rien à lui dire et à lui montrer.

La paroisse est le lieu le plus universel de l'Église. J'avais rêvé, jeune séminariste, d'y vivre ma foi et la faire vivre. Les chemins de

Dieu m'ont conduit à vivre et partager ma foi et mon sacerdoce hors de ce lieu où je reviens sans cesse, grâce aux conférences qui me permettent de célébrer dans les paroisses et d'y rencontrer les chrétiens.

Tout ministre, quel qu'il soit, peut et doit rencontrer l'universel. La paroisse a ce pouvoir particulier, par l'étendue infinie des situations et des personnes qui s'y rassemblent, de porter vers l'universel.

A la différence de la Samaritaine... on n'y trouve que ce qu'on y apporte. On la fait vivre ensemble et on lui donne un sens. Comme on la fait crever à petit feu quand on n'y va que pour soi, les yeux orientés vers le prêtre et personne d'autre.

Le prêtre, là-dedans, n'a plus qu'à travailler d'arrache-pied, à être une présence d'amour qui seule rassemblera les extrêmes et les différences. Il y est acculé. Mais n'est-ce pas là sa vocation ? Celle de l'Amour.

A toi séminariste

C'est quand je pose mes deux mains sur ta tête, après celles de l'évêque qui t'a ordonné prêtre, que je pense une fois de plus à l'immensité du don reçu, à notre incroyable richesse et pauvreté, nous qui avons été choisis. Chaque ordination m'apporte cette joie juvénile, inexprimable, qu'on éprouve quand on se rappelle son premier amour.

Dès que je te rencontre, j'ai pour toi une tendresse sacerdotale cachée. Tu me rappelles toutes mes incertitudes et mes angoisses, ma joie et mon enthousiasme, au fur et à mesure que les années m'acheminaient vers ce grand jour... !

Au séminaire, je regardais avec passion et une curiosité jamais assouvie mes aînés dans le sacerdoce. Notamment ceux qui avaient été ordonnés prêtres. J'essayais de voir sur leur visage si cette mission qui allait devenir la mienne était bien celle qu'on m'avait fait entrevoir.

Les prêtres, on en parle beaucoup au séminaire. On s'engoue pour eux ou on les critique avec la sévérité propre à la jeunesse. Bien sûr l'évêque est passé au crible. Il est déjà notre leader. C'est avec lui qu'on travaillera. C'est lui qui nous enverra en mission. Ses faits et gestes, ses moindres paroles, sont commentés.

Pour les gens, tu es une espèce en voie de disparition. D'où leur curiosité, comme s'ils contemplaient un panda de Chine ! Laisse-les te disséquer.

Un mec bien dans sa peau, et qui veut être prêtre, à des choses à dire. Évidemment les gens, très vite, buteront sur la question du célibat. Dis-leur ce que tu en penses. C'est pour eux important. Entendre un jeune leur dire que si personne ne peut vivre sans amour, l'amour ne passe pas forcément par le sexe, est une chose trop rare pour que tu ne l'affirmes pas, avec force, pudeur et joie.

Tu sais, ou tu sauras, que nombre de gens que tu rencontreras sont mal dans leur cœur, leur sexe, leur affectivité. Ils ont besoin d'entendre parler de la beauté du don total quand un Dieu d'Amour en est le cœur.

Sache que l'Église te réjouira le cœur autant qu'elle te fera souffrir. Tu rongeras ton frein face aux irréductibles du latin et aux adversaires de toute ouverture. Mais tu connaîtras aussi des communautés qui sentent bon le vent du large ou le parfum des fleurs sauvages.

Tu entendras gémir sur la foi du temps de l'arrière-grand-père. Mais tu verras naître aussi mille petites communautés où la foi neuve, débordante d'espérance, a les habits neufs du printemps.

Tu souffriras des incompréhensions et bagarres des chrétiens entre eux. Et celles des prêtres, surtout, t'atteindront en plein cœur.

Comme tu découvriras qu'une de tes plus grandes tentations est de croire qu'à toi seul tu possèdes la vérité, tu ne pourras alors que toujours rechercher l'unique chemin pour y entrer. Ce chemin est très dur, très escarpé : Il est la mise en commun de ce que chacun en découvre.

Alors ton ministère, le plus spécialisé ou le plus brillant soit-il, t'apparaîtra (si tu sais regarder ton frère prêtre, astreint à des tâches oubliées, humbles et routinières) un parmi les autres, mais jamais le seul, qui fait avancer l'Église.

Tu apprendras au fil des ans que, si beaucoup de personnes sont très éloignées de l'Église, elles en ont un sens étonnant.

Beaucoup, apparemment, ne voient de l'Église que ce qu'en charrient la télé et les journaux. Et malgré cela ils savent très bien faire le partage entre ce qui est conforme à l'Évangile et ce qui s'en éloigne. J'ai entendu trop souvent : « Ça c'est pas chrétien » pour ne pas le vérifier. Les mentalités ont été depuis des siècles imprégnées de l'Esprit de l'Évangile. Alors les petites gens ont le sens de ce que l'Église doit être, devrait être. L'Église ne le sait pas assez.

Par contre, les jeunes d'aujourd'hui n'ont pas, ou peu, de passé chrétien. Ils regardent l'Église avec indifférence. Ils la jugent « hors course » par rapport aux grands problèmes de notre temps, notamment sur les sujets les plus brûlants pour eux : celui de l'amour en particulier.

Ta jeunesse te permet de les comprendre. Garde cette jeunesse-là toute ta vie.

On te critiquera, on te contestera, mais il faut que tu saches que, malgré cela, tu es déjà un point de référence et de vérification.

Vivre du Christ par la prière, une prière qui t'aidera dans tes relations humaines, c'est « dire » silencieusement quelque chose de Lui.

Si tu te répètes sans cesse : « Qu'est-ce que je fais pour annoncer le Royaume ? », tu te gourres. Tu vaux par ce que tu vis et non par ce que tu fais. La qualité de ton être sera d'abord la « Bonne Nouvelle » que ta vie criera. Au séminaire, apprends d'abord à « être ».

La précipitation, des études survolées, la perte du sens de l'accueil en communauté seront des signaux d'alarme. En te laissant interroger par un prêtre, ami et guide, tu te rendras compte, alors, que la prière n'est plus au centre de ta vie et que ta vie communautaire, elle-même, n'est plus que peau de chagrin.

Réagis alors, car prière et vie communautaire ce sont deux essentiels. Sans elles, on perd à toute vitesse toute boussole, tout garde-fou, toute référence.

Certains jours, tu verras, la rencontre avec le Christ sera extraordinaire. Bréviaire, chapelet, méditation d'Évangile iront de soi. Tu devras t'arracher à la prière. Mais la plupart du temps, ce ne sera pas l'éblouissement. Tu devras, au contraire, t'accrocher. Ce sont ces jours-là qui seront au fond les plus lumineux. Cette preuve d'amour, le Christ l'attend. Si tu la lui donnes, alors Il te donnera tout.

« Que t'ont apporté tes études de théologie quand tu regardes vingt-trois ans en arrière ? » me demandait dernièrement un séminariste.

C'est surtout l'histoire de l'Église qui m'est restée. Des saints comme saint Augustin ou Charles de Foucault, saint François de Sales ou la petite Thérèse, je m'en suis imprégné. Ils continuent à m'enrichir.

Pour être prêtre, il faut un bagage théologique minimum. Mais c'est surtout ceux et celles qui ont voulu vivre de façon radicale l'Évangile qui restent nos guides. Leur engagement a été total. Pour eux pas de concession, pas d'à-peu-près évangélique. Je me suis baigné dans leurs vies. Leurs engagements multiples, contrastés, étaient tous centrés sur la même lecture de l'Évangile où ils ont puisé la force d'en devenir les témoins prestigieux.

Et puis, à la lecture de leur vie, on voit que leur union à Dieu est ce qui leur a permis de faire des choses impossibles. Si on lit ça, qu'on le croit et qu'on veut le vivre, on a tout compris.

J'ai remarqué chez toi une peur du monde où tu vas un jour lancer toutes tes forces apostoliques. N'aie pas peur. Ce monde, si loin de Dieu apparemment, en a une soif de plus en plus grande. Face à cette soif immense, tu ne pourras humblement que te répéter : « Pourquoi ne suis-je pas plus contagieux ? »

Ne sois pas un kamikaze de l'habit religieux ou du vêtement civil. Le témoignage ne se calcule pas en mètre carré de chiffon. Avec un col romain ou un blouson noir, affirme-toi simplement comme futur prêtre. Mais n'en fais pas une tenue de combat. A chacun son look. Pourvu que le Christ bouillonne à l'intérieur.

Mets sur ton cœur : « Réservé ». Garde-le jalousement pour Celui à qui tu as dit : « Je te donne ce que tu m'as donné de plus précieux : " la vie ". Je veux le vouer à l'Amour universel ! »

Tu auras à le répéter des centaines de fois dans ta vie sacerdotale, quand tu sauras te barrer régulièrement pour lui offrir, dans le silence d'un monastère ou d'une retraite, cette silencieuse preuve d'amour : « Lui seul ».

Entretiens ton corps. Le sport régulier est un atout majeur d'équilibre. Ton corps doit être aussi frais que ton âme. Pour cela, il faut l'aimer et le fortifier assez pour lui donner la force qui décuplera ton énergie.

Et puis dors bien. Trop peu de sommeil déséquilibre, fausse le jugement, rend agressif et inefficace. Bien dormir t'empêche de te croire indispensable sur tous les fronts où ta mission risque de t'entraîner. Dieu saura veiller plus que quiconque sur tes « ouailles » quand, comme un gosse, tu roupilleras, ta journée finie.

Enfin sache que ces années de silence pour te préparer au sacerdoce, tu ne dois en perdre aucune minute, aucune seconde. Tu ronges ton frein face à l'océan de déchristianisation. Tu ne seras, demain, que ce que ces années t'ont fait et ce que tu en as fait : c'est-à-dire années de silence de contemplation, dans une vie communautaire toujours difficile mais indispensable. Si ta vie apostolique, si tourbillonnante soit-elle, garde fidèlement ce qu'on t'a appris toutes ces années, alors, quelque part, séminariste, tu le resteras toute ta vie !

Mon aube et mon étole

Dès que je fais mes valises (et Dieu sait si elles bougent !...), je prends d'abord mon aube et mon étole. Il m'arrive de ne pouvoir assister à des réunions de chrétiens où je suis convié. Dans ce cas, je ne manque pas de repérer l'heure de l'Eucharistie. Si je ne peux participer aux échanges qui ont rassemblé des personnes autour d'un thème, j'essaie d'être là au moment où le silence se fait autour de Dieu qui descend. C'est le moment le plus fort pour un groupe de chrétiens désirant rassembler leurs idées sur un sujet précis.

Car c'est le moment de l'amour où nos conflits s'estompent, nos divergences se relativisent et nos cœurs battent à l'unisson dans le cœur de Dieu. Tous baignés dans cette tendresse qui vient d'en haut, quel grief, quel obstacle n'apparaissent pas dérisoires alors ?

C'est infiniment plus fort, plus efficace et plus durable que le repas de fin d'échange où, la bouffe et l'alcool aidant, s'endorment nos rancœurs pour mieux se réveiller ensuite.

Mettre l'aube à chaque Eucharistie et l'étole, signes de notre charge d'apôtre de l'amour, me semble indispensable. On m'a demandé souvent de célébrer en blouson noir. Je l'ai toujours refusé.

Pourquoi ?

Parce que l'aube fait disparaître tout ministère particulier, tout peuple précis pour lequel on est envoyé. L'Eucharistie fait communier à tous les ministères du monde, à toutes nos particularités, à toutes nos différences. C'est le trésor de l'Église universelle. Et comme tout trésor on ne doit en voir que le seul éclat rayonnant. Restent le visage et les mains nues du célébrant. On ne peut manquer de les voir quand il prie. Ils doivent appeler à la prière. Tout geste du célébrant marquera sa sérénité, sa certitude que Dieu est là, sa joie et sa pauvreté d'avoir été choisi pour ce moment-là.

Sa désinvolture, ses gestes brusques ou distraits ne feront pas communier le chrétien au mystère de ce qui est notre plus grande prière.

Le prêtre ne peut qu'« entrer » et « faire entrer » dans l'Eucharistie. Ou alors il enverra sa « came » plus ou moins vite avec les gestes que donne l'habitude. Les gens habitués n'auront pas manqué pour tout l'or du monde leur prière habituelle. Le mystère, à ce moment-là, est tout simplement massacré.

Le cardinal Duval nous disait inlassablement quand nous étions séminaristes : « Dites bien la messe. »

La façon de dire et de faire l'Eucharistie éveillera à la foi ou ne sera que le moment rituel qui ne donnera qu'une bonne conscience inutile et sans force.

Voir célébrer des moines est toujours pour moi un enchantement parce que c'est une prière d'une rare puissance. Leurs aubes magnifiques me rappellent le souvenir d'autres aubes ou fripées ou trop courtes, ou bien sacs à viande, que je vois parfois dans d'autres cérémonies ! Ça me rappelle cette réflexion d'un mec, en me voyant tirer d'une armoire de sacristie une vieille aube en dentelle : « C'est une robe de strip-tease ! ». Effectivement, quand on pense à certains vêtements sacerdotaux d'avant...

Et puis, pour en revenir aux moines, leurs visages sereins et les gestes lents ne semblent plus appartenir à la terre. L'Eucharistie est le don de Dieu qui chaque jour, partout dans le monde, descend des milliers de fois par nos mains et nos voix. A ce moment, effectivement, il ne nous appartient plus. Puissent-ils traduire notre mystère central ! Aucune prédication, aucune parole ne le dira mieux que notre visage et nos mains.

Deux jeunesses… une seule Église

La première, apparemment a la mine joyeuse des jeunes qui n'ont pas trop à s'inquiéter pour l'avenir : papa et maman sont là qui veillent au grain.

Ils se rassemblent de plus en plus pour dire leur foi, proclamer que le Christ est vivant, et chanter inlassablement le Magnificat. Ils m'émerveillent toujours quand je les vois, par centaines, abîmés dans une prière silencieuse. Phénomène nouveau et riche de promesses.

J'aime me perdre au milieu d'eux, prier avec eux et les aider, quand ils m'appellent, à alimenter leur foi. Ils respirent la vie, la jeunesse insouciante. Leur inquiétude de Dieu est réelle. Mais ils vivent cette inquiétude et cette recherche sans grand souci matériel. Ils aiment se réunir par milliers pour chanter Dieu et ses bienfaits.

La deuxième jeunesse, elle, n'a pas cette mine réjouie et ne crie pas facilement sa foi.

Ces jeunes sont issus de mondes difficiles. Le chômage, les banlieues surpeuplées, la rue, sont leurs lieux de vie habituels. L'aisance, le confort, l'école prolongée sont pour eux inconnus. Mais ils se disent chrétiens, eux-aussi.

J'aime intensément les rencontrer quand ils me le demandent. Mais c'est toujours discret, sans magnificat et sans micro. Ils aiment qu'on les écoute par petits groupes, sans journalistes, sans vidéo.

Leur foi est tâtonnante, hésitante. Mais le Christ est quelqu'un de très important pour eux. Ils apprennent à le connaître dans des mouvements qui ne font pas de vagues, mais qui les aident à réfléchir.

Ils me disent du Christ : « C'est un mec super bien. C'était un ouvrier. » Ils aiment les pauvres et les petits. Fils de Dieu ? Ils ne savent pas encore bien. Peut-être... Ils cherchent.

Ces deux jeunesses, vues par Marx, ça serait vite réglé... en termes de classes ; donc d'affrontements. Vu par un chrétien, c'est autre chose.

Passer d'une jeunesse à l'autre n'est pas évident pour moi, prêtre. Par contre, ce qui me crève les yeux et le cœur, c'est que le Christ est là, au milieu de tous et toutes.

Aux premiers, je dis que l'amour, le bien être reçus, sont don de Dieu pour eux... Qu'ils sont responsables des dons reçus. Qu'ils ne doivent pas les garder pour eux.

Les seconds ? J'écoute leurs cris, leurs espoirs dans le monde difficile où ils vivent. Je me tais surtout, car seul un silence d'amour et de partage les appelle à aller plus loin. Mais je sais que ces deux jeunesses sont l'Église,

— que les opposer ne serait pas chrétien ;
— que les peloter ne serait pas les aider à avancer ;
— que les dynamiser dans leur milieu pour les aider à vivre les valeurs évangéliques, c'est faire l'Église.

... Une seule Église.

Les prêtres et l'argent

Quand j'ai cessé d'entendre ses insultes quotidiennes sur la bande de mon répondeur, j'ai tout de suite pensé qu'il avait été arrêté. Effectivement, le surlendemain, les journaux annonçaient son arrestation.

Depuis cinq mois, il avait recommencé ses escroqueries auprès des prêtres. Une technique très élaborée. Presque sans faille. « Allô ! Ici Guy Gilbert. J'ai un mec qui a un grave problème. Peux-tu, frère, le dépanner tout de suite ? C'est une question de vie ou de mort. Il faut trois mille francs tout de suite. » Plus un baratin très minutieux : « Je suis loin de Paris et ne peux faire la démarche pour l'aider. Je te rendrai cette somme aussitôt. Donne-moi ton numéro de CCP. Je t'envoie le mec en panne, tu lui donneras la somme en liquide. »

A l'heure convenue, c'était lui qui se présentait, lui le faux Guy Gilbert, lui le fameux mec en détresse, lui l'escroc aux prêtres.

Il était sorti de taule en mai dernier après avoir purgé deux ans de prison pour... précisément des escroqueries multiples faites en mon nom de presbytère en presbytère.

J'étais allé moi-même le jour du jugement, il y a deux ans, au banc de la défense où plusieurs prêtres escroqués réclamaient leur dû. Je lui ai dit ce que je pensais et, en même temps, j'ai expliqué à mes frères prêtres combien il était imprudent, sur un simple coup de téléphone, de larguer autant de billets.

Bien sûr je les ai remerciés d'avoir voulu ainsi m'aider (enfin d'avoir cru m'aider). Mais je leur ai dit combien un appel de détresse, si pressant soit-il, a besoin d'être contrôlé. Ne pas s'entourer de précautions, c'est le meilleur moyen de se faire avoir.

Sa peine purgée, fin mai, l'escroc récidivait les jours suivants. Chaque jour des lettres de prêtres heureux d'avoir dépanné un jeune de notre équipe, mais me pressant de leur rendre leur fric atterrissaient dans mon courrier. J'ai eu alors l'idée d'enregistrer un message sur mon répondeur téléphonique, destiné aux prêtres qui, sollicités par le pseudo Guy Gilbert, chercheraient à me contacter. D'où les insultes quotidiennes de l'escroc obligé de changer sa tactique.

Je pensais qu'au fil des ans, les prêtres

commenceraient à se méfier. Or, je constate, à travers le véritable tour de France effectué par ce voleur éminemment clérical, que maints prêtres restent crédules, naïfs et, d'une certaine facon, complices de ceux qui, les connaissant bien, ne voient dans leurs yeux que des dollars.

Quelques réflexions pour les aider à comprendre et, j'espère, à ne plus puiser inconsidérément dans la caisse de la paroisse ou dans leurs économies.

Je crois savoir que des « Conseils » ont fleuri dans presque toutes les communautés paroissiales. Des laïcs gèrent donc les finances des paroisses. Si c'est vrai, et si ce sont vraiment les laïcs qui tiennent les cordons de la bourse, je pense que plus aucun prêtre ne balancera des sommes importantes de son propre chef au premier venu.

Un homme qui travaille ne donnera pas trois mille francs au premier venu dans l'heure qui suit.

Le prêtre bosse, c'est vrai. Et dur souvent ! Mais certains n'ont aucune conscience de l'argent. Nous avons notre paie, même si elle n'est pas grosse, quoi qu'il arrive. Notre assurance vieillesse, dût-on vivre cent ans. Nous sommes donc des privilégiés. Et cela plus que jamais à une époque où les chômeurs pullulent en Europe.

Heureusement, nous avons d'autres pauvretés que celles de l'argent. Une vie proche des plus pauvres peut nous apprendre la vraie pauvreté et donc la prudence face aux mille sollicitations qui nous assaillent.

Des techniques face aux pauvres qui nous harcèlent ?

Un restaurant proche où on envoie le pauvre qui a faim avec un « bon pour un repas » sur une carte de visite n'est pas mauvais quand on a prévenu le restaurateur, bien sûr.

Selon le même procédé, une chambre d'hôtel où le passant harassé pourra se reposer, apportera sécurité au prêtre et joie à celui qui, auparavant, dormait bercé par le chant des hiboux.

Mais quand une somme importante est demandée, alors il ne faut jamais trancher seul.

Plusieurs des prêtres escroqués m'ont dit, après coup, qu'il leur aurait suffi de téléphoner à la propriétaire de l'appartement où l'escroc allait soi-disant emménager pour comprendre qu'on leur montait un bateau.

Trois l'ont fait et se sont réjouis d'avoir, toute affaire cessante, pris la peine de téléphoner... pour constater que la détresse qui leur était présentée n'était qu'escroquerie.

Mes équipiers sont mon conseil de fabrique. Si j'y ajoute un conseil restreint et permanent de loubards, croyez-moi, les vingt personnes qui frappent chaque jour à ma porte ou me sollicitent par téléphone n'ont que peu de chances de m'escroquer.

Cette conclusion, pour la petite histoire : cette nuit-là, je me trouve en panne de voiture. Il pleut des hallebardes. Je frappe à la porte d'un presbytère. A la seule évocation de mon nom, le curé furieux me fout dehors sous la pluie battante en m'arrosant, en prime d'un déluge de gracieusetés : « voleur », « gangster », « j'appelle la police », etc. Mon escroc était déjà passé par là peu auparavant !

J'ai eu toute la nuit dans ma voiture pour méditer sur l'inconvénient d'être « l'original » de copies aussi indélicates qu'ingénieuses !

Aller chez l'autre

Sachant qu'un curé « normal » (comme disent les mecs) dort à l'heure des poules et se réveille au chant du coq, j'ai décliné l'invitation à camper chez lui. En effet, mes habitudes d'oiseau de nuit me suivant en vacances, je ne voulais pas troubler le sommeil clérical de mon frère. J'ai préféré, donc, trouver gîte ailleurs. A chacun son coq... pour un vrai partage fraternel. Par contre partager un bout de sa vie et de son ministère fut une joie pour moi.

Son grand presbytère est accueillant. Jean y vit une solitude égayée par les paroissiens et les estivants qui forment son peuple. Un visage doux, couperosé comme ceux des paysans qu'il sert depuis dix ans, la soixantaine légèrement arrondie — « que je ne porte pas » — me confie-t-il avec coquetterie. C'est le curé du village.

On mange ce que le frigidaire a consenti à nous garder. Une soupe réchauffe le menu froid, fait de jambon et de fromage.

Jean vit seul. Son « ex-gouvernement » a atteint l'âge des cimes canoniques qui mettent fin à tout règne sur un presbytère !

Il me parle avec joie des laïcs qui envahissent le chœur de l'Église, et sur lesquels il s'appuie. J'ai pu le constater quand, m'invitant à célébrer le dimanche, je me suis laissé porter par cette équipe dynamique qui anime la messe. Dans l'assistance, quelques calvities vénérables et les piliers d'église habituels encadraient les quatre à cinq jeunes présents. « C'est vieux comme assistance, mais je m'y plais. Le Christ est important dans ma vie », me dit Xavier, seize ans, à la sortie.

J'ai communié de loin avec la peine de Jean quand il a enterré une jeune paroissienne de trente et un ans, laissant deux enfants en bas âge. Le glas résonnait jusqu'au bord du pic rocheux où j'avais reposé mes muscles fatigués par une longue marche.

Il m'a demandé de parler à cinq jeunes futurs confirmés dans une de ses trois paroisses. Dialogue chaleureux et très ouvert avec ces adolescents qui se préparaient bellement à recevoir la force de l'Esprit. Deux douairières participaient à cette réunion. Toujours les piliers fidèles, accrocheurs, qui préparent la relève...

Et puis Jean m'invite à célébrer une autre

messe. Celle de la semaine avec la poignée de fidèles qui savoure l'Eucharistie. Petite oasis si lumineuse dans le désert matérialiste et athée qui entoure l'église perchée tout en haut du village !

Jean avait tenu à me faire rencontrer son peuple dans une réunion impromptue mais qui réunissait une centaine de personnes. Fidèles, touristes de passage, athées ont participé à un dialogue serré et ouvert aux quatre vents des grandes questions de l'heure.

Vivre quelques jours du ministère de Jean a été pour moi, habitué à d'autres « paroissiens », un moment de communion bien agréable avec un frère dans le sacerdoce.

Aller chez l'autre est important, quel que soit le ministère qui nous a été confié. Cela permet de mieux comprendre les pesanteurs et les richesses de la mission de son frère. Cela évite surtout la tentation habituelle de croire que son ministère est le meilleur. Aller chez l'autre c'est respirer l'universel.

Merci de ton regard, Jean, et de ta chaleur fraternelle. J'ai pu vérifier, une fois de plus, que l'amitié sacerdotale, c'est bien, pour nous prêtres, le huitième sacrement.

L'évêque et sa crosse

L'évêque montait vers l'autel pour célébrer l'Eucharistie. Il avançait lentement dans l'allée centrale, s'appuyant sur sa crosse pour saluer les chrétiens. Je la regardais. Belle et ouvragée, elle était signe de son épiscopat — de son rôle de Pasteur d'un peuple. Et je méditais sur toutes les crosses de tous les temps et de tous les lieux.

Certaines, saintes de la sainteté des pasteurs qui les ont portées, ont eu un renom inégalé. Elles ont guidé le peuple de Dieu sur les plus hauts sommets.

D'autres ont été éclaboussées de sang. Du sang des guerres de religions, par exemple. Ou, plus récemment, crosses rougies par des évêques qui pensaient que la torture était inévitable pour que la civilisation chrétienne subsiste. D'autres ont servi de bouclier ou de lance pour disséquer, écraser, piétiner. Elles s'appelaient alors « pouvoir ». Beaucoup de crosses ont été fermes et douces, passionnées d'Évangile. Celles-ci avaient pour nom « servantes ».

D'autres encore ont connu ou connaissent des tempêtes terribles, là où être chrétien est interdit, ou accepter d'être évêque c'est se condamner à la torture ou à l'emprisonnement. Ces crosses-là n'ont vu le jour que l'espace d'une consécration épiscopale célébrée en secret.

Certaines s'enfoncent si profondément dans la seule tradition qu'elles y restent figées et n'avancent plus, laissant piétiner un peuple qui s'enferme, se marginalise et refuse de vivre l'Évangile à la lumière de Vatican II.

De plus en plus de crosses s'avancent hardiment dans le monde d'aujourd'hui, sans oublier que la tradition de l'Église est le garant le plus sûr pour ne pas se fourvoyer dans une société frappée de démesure.

Mais certaines crosses sont d'une prudence si grande qu'elles ont peur de se briser à chaque pas. Elles ratissent le terrain au centimètre près. Quelques-unes sont si tièdes et fades qu'elles passent inaperçues, en empruntant sans risque de se tromper l'autoroute de la foi.

Il en est qu'on appelle « vedettes » parce qu'elles se compromettent à chaque événement important où la vie, la morale, l'annonce de la Bonne Nouvelle sont en jeu. Celles-ci ne craignent pas les sentiers escarpés. Elles en connaissent les risques, mais savent que vivre l'Évangile c'est vivre dangereusement. Ces crosses-là sont aussi sereines qu'intrépides. Enfin, çà et là, et de plus en plus souvent, même dans des pays dont les présidents se proclament chrétiens, on en voit une, écrasée parce que le Père des Pauvres qui la porte veut vivre l'Évangile au ras des pâquerettes en choisissant de défendre, en priorité, les plus pauvres parce qu'ils sont les préférés de Dieu.

Crosses de bois ou de fer, crosses simples ou ouvragées, elles sont annonciatrices de la Bonne Nouvelle, dispensatrices du mystère de Dieu, en rassemblant dans la communion. Pas facile d'être évêque. Mais « appelé », l'élu aura toutes les grâces pour porter haut et ferme, humblement et fortement, tendrement et sans faiblir, cette crosse qui fait de lui le Pasteur d'un peuple. Prions pour notre évêque, soutenons-le et aimons-le pour que sa crosse soit intrépide et joyeuse.

Tu vas voir ton pape...

A Paris, il y a cinq ans, les jeunes de la rue m'avaient suivi durant les trois jours de la visite du pape. A Lyon, ils m'avaient dit avant que je parte : « T'as pas de croix et tu vas voir ton pape ? » L'un d'entre eux m'en avait fait une petite qu'il avait collée sur mon blouson. Je pouvais donc partir rejoindre le successeur de Pierre...

Oui, les jeunes de la rue, ils ont beau l'appeler « ton patron », « ton pape », « ton chef », ils l'aiment bien.

Comme je prêchais la retraite des séminaristes français de Rome, j'avais la possibilité de rencontrer Jean-Paul II. Avant de partir, je l'avais dit aux jeunes. Ils étaient ravis.

Jean-Marie Lustiger, mon évêque, m'avait prévenu. « Tu verras, rencontrer le pape c'est une grâce. » Me voilà donc très tôt devant la porte de bronze du Vatican. Le supérieur du séminaire de Rome m'accompagnait. Malgré l'invitation communiquée la veille par le secrétaire du pape, il craignait l'effet de mon look, et s'était habillé en clergyman pour apaiser les gardes suisses. Point n'était besoin. A peine étions-nous devant la porte de bronze qu'un évêque noir, sort, fonce vers moi pour me dire toute sorte de choses aimables sur mon apostolat. J'entre donc avec lui. La patte blanche c'était cet évêque africain qui me la tendait...

Nous sommes une trentaine de personnes, cinq évêques africains dont un cardinal, deux prêtres et une vingtaine de laïcs de plusieurs nations. L'Église dans sa dimension universelle. De belles têtes blanchies par les ans... un bébé qui geint doucement dans les bras de sa mère... L'humanité est là, présente.

On traverse une grande salle et on entre dans la chapelle du pape, toute petite, minuscule. Les trente personnes la remplissent quasi complètement. Le pape est seul, à genoux, la tête dans les mains. Il prie. On avance sans bruit. Je me trouve à un mètre de Jean-Paul II. Il se lève enfin. Un bref regard souriant vers l'assistance et il revêt ses ornements sacerdotaux devant nous.

La messe commence. C'est la façon avec laquelle il a dit « Prions », avant l'oraison, et le long silence qui a suivi qui m'ont fait tout de suite éliminer toute curiosité, tout voyeurisme. Jean-Paul II me faisait entrer de plain-pied dans le mystère de la communion eucharistique. Pas d'homélie, une prière purifiée, planétaire. Le peuple des marginaux est alors entré en force en moi pour que je le confie à Dieu. Un grand moment : boire au même calice avec celui qui porte encore sur une main la marque de la balle qui voulait le tuer.

C'est quand il a fait son action de grâces que son dos voûté m'a appelé à prier pour l'aider à porter le poids du monde. Dos voûté par le travail en usine durant sa jeunesse. Par la pesanteur d'un régime oppressant qu'il a porté durant sa maturité sacerdotale et épiscopale. Et maintenant par le poids de l'immense peuple des chrétiens et de tous ceux et celles qui cherchent dans la nuit la lumière du Christ.

Ite Missa est, la messe est finie. Étant tout près d'un vitrail entrouvert, j'entendais les bruits de la cour intérieure monter jusque dans la chapelle. Et au loin ceux de la ville de Rome. Non, rien n'est fini. Il faut partir crier l'amour.

Après la messe, ce fut très bref. Jean-Paul II, de son pas lourd, dans une progression calme et majestueuse, avec la simplicité d'un curé de campagne qui, après l'office, salue ses fidèles, passe devant chacun de nous, lentement. Quelques mots. Une poignée de main Une bénédiction. Un chapelet remis à chacun (je l'offrirai à ma mère). Et nous le voyons disparaître dans un couloir.

L'avoir vu, salué et avoir échangé quelques mots avec lui ne reste pas le moment le plus marquant pour moi. Mais, par contre, quelque chose d'indéfinissable a changé en moi au cours du repas de l'amour. Je laisse venir le temps. Il me fera comprendre.

Oui, Jean-Marie avait raison : « Tu verras, Guy, ça sera une grâce pour toi. » Pour moi, oui. Mais surtout pour ceux et celles que mes épaules portent et qui sont au hit-parade de mon cœur.

Le pape...
et le mystère de l'Église

Les bruits de la ville de Lyon venaient mourir sous l'immense toile d'Eurexpo où Jean-Paul II proclamait bienheureux le père Chevrier, l'apôtre des petits d'un quartier parmi les plus pauvres de la gigantesque métropole des Gaules.

A Ars, le chant du coq a retenti au loin dans la campagne si souvent arpentée par les sabots du saint curé, pendant la messe que le pape présidait en pleine nature.

J'avais voulu être là durant ces trois jours, seul, sans un de mes lascars, craignant qu'avec les multiples barrages ils ne puissent aborder comme moi, avec mon badge de prêtre, la proximité de l'autel.

Être là pour voir Jean-Paul II ? Non, pas exactement. Je voulais simplement communier avec lui et la foule des chrétiens et des prêtres à ce mystère qu'est l'Église.

C'est sans doute dans le stade de Gerland et

plus récemment dans le stade de la Meinau à Strasbourg, que j'ai le plus ressenti cette communion. Happé par un groupe de jeunes de Bar-le-Duc, avec deux de mes gars, Jacky et Manolo, je suis resté avec eux jusqu'au bout. Cinq heures avec cinquante mille jeunes, bruyants, enthousiastes et silencieux.

Oui, silencieux.

Et c'était là pour moi la plus belle communion d'Église : leur silence pendant les réponses du pape aux questions qui lui étaient posées.

Je me demandais, en écoutant les paroles, parfois moralisatrices et souvent pas faciles à comprendre, du pasteur de l'Église, ce qu'attendaient, dans un silence impressionnant, tant de regards fixés sur ce bonhomme en blanc !

Ils attendaient simplement des certitudes. Des certitudes humaines et divines. Des choses simples, si simples qu'on les perd sans cesse. On doit ensemble se les redire.

Cette voix grave, belle, prenante, douce et forte à la fois, nous les redisait :

« Aimons-nous. Partageons. Respectons l'étranger. Faisons passer l'homme avant les biens. Seul l'amour convainc et désarme. Pardonnons sans nous lasser. Prions. Contemplons. Faisons silence plus que jamais dans le bruit gigantesque qui rend l'homme sourd à tout appel. »

Jean-Paul II a ce don de rassembler pour interpeller, faire réfléchir, aider à bâtir un monde plus humain et donc meilleur.

Il m'est arrivé de me perdre dans de grandes foules de jeunes, au cours de concerts. Les milliers de regards fixés sur l'idole hurlant des décibels crachés par la sono, faisaient communier au moment présent, intensément. Sans plus.

Le corps primait tout dans la chanson. L'amour physique était prioritaire. La première réponse était dans le tabac notamment. Tous et toutes fumaient et pas seulement des blondes. Une odeur de drogue planait sourdement partout. On était en plein rêve. Aucun monde meilleur à bâtir ou à désirer. Seulement celui du moment présent, dans une musique appelant à la violence du corps, de l'étreinte sexuelle, du bonheur à happer tout de suite et par tous les moyens.

Pratiquement pas une cigarette à Gerland et à Meinau. Un stade rempli à ras bord, qui écoutait que l'aujourd'hui et le demain, c'est dans l'amour et l'effort qu'ils seront à bâtir avec le Christ qui appelle sans cesse à se dépasser, à grimper sur les cimes, à se tenir les coudes, à être solidaires pour écarter toute guerre, toute pauvreté, toute misère. « Si ma parole n'est pas facile à entendre, nous a-t-il crié au stade de Strasbourg, c'est parce que l'Évangile est exigeant. »

La matinée réservée aux prêtres à Ars a été un grand moment. Longue méditation entrecoupée d'applaudissements pas toujours... méditatifs. Mais qu'importe ! Là encore revenaient tant de fortes et belles certitudes évangéliques à vivre et à faire vivre. Des séminaristes aux anciens au pas hésitant, toute l'Église de France était représentée dans les serviteurs que nous devons être.

Le blanc des aubes masquait des looks différents allant de la soutane au blouson noir. Cette chaleur fraternelle de tant de prêtres divers aux multiples tâches réchauffait le cœur et nous unissait dans l'amour fraternel, ce huitième sacrement si nécessaire pour tout clergé uni à son évêque. « Je suis prêtre comme vous et c'est d'abord et essentiellement mon sacerdoce qui compte pour moi et m'unit à vous », nous a répété Jean-Paul II. La télévision ne peut rendre la force de tels moments. C'est bien à tort que le « show » du météore papal est souvent mal vu.

En critiquant ou en refusant de participer à ces moments où l'Église se soude un peu plus derrière son pasteur, sous prétexte d'un pape star ou vedette, on biffe le meilleur en amplifiant le côté représentation malheureusement lié à ces visites. Mais quand on le dépasse, on repart « plus Église », c'est-à-dire mieux ancré dans un mystère qui nous rassemble autour du successeur de Pierre.

J'avais profité de mon passage à Lyon pour aller voir un mineur de quinze ans, incarcéré. Le poste de télévision, quand je suis arrivé dans sa cellule, transmettait l'image et la parole du pape. « T'es content de rencontrer ton patron ? » m'a-t-il demandé d'entrée. « Oui, lui ai-je répondu. Ça me réchauffe les tripes. — Moi, j'aurais bien voulu qu'il nous visite. » On a discuté trois quarts d'heure avec ses copains de cellule. C'était très beau pour moi d'être lié mystérieusement dans cette cellule, avec David au milieu, à celui qui venait de nous répéter plusieurs fois, à travers la vie des deux saints lyonnais qu'il venait fêter, que le plus pauvre était le préféré de Dieu.

Rumeurs... et Évangile

Quand on se regarde bien, on s'aperçoit que souvent c'est ce qui ne colle pas chez l'autre qui nous marque le plus. De son vivant... Une fois mort, bizarrement, on lui découvre toutes les qualités qu'on a oublié de lui trouver vivant. Ainsi, sans doute, agit le vieil homme qui dort en nous et que l'on n'a pas assez d'une vie pour combattre.

L'Évangile est l'apologie de la vérité, de la franchise, de la correction fraternelle. Il nous aide sans cesse à combattre la médisance, la calomnie, les rumeurs qu'on fait courir et qu'on multiplie.

Je me surprenais, il y a peu, en flagrant délit de médisance et d'un bout de calomnie. On m'informe qu'un couple très uni et militant pour les plus pauvres s'était disloqué. Le mari avait quitté une femme qu'il adorait pour une autre. J'écoutais la nouvelle de cette rupture avec stupeur et souffrance, en pensant aux gosses qui, dans l'affaire, devaient vivre le calvaire que l'on devine.

Par hasard, une heure plus tard, une personne qui connaissait le couple me téléphone, je lui apprends cette nouvelle qui m'avait bouleversé. Puis je me ravise. J'appelle directement le couple dont on m'a annoncé la rupture. La femme, gênée, m'apprend que la nouvelle était vraie, mais ne l'est plus. Le mari est revenu au foyer après un coup de passion désastreux, mais heureusement passager. Bien sûr, je rectifie immédiatement auprès de la personne à qui, imprudemment, je m'étais confié. Affaire classée. Le reste n'est plus que souvenir et prière pour le couple ami qui sort difficilement d'un cauchemar qui, je le sais, l'a mis au ban de toutes ses relations.

Je travaille depuis des années ce point précis : ne dire jamais du mal de l'autre en son absence. Par contre, en face, parler net et clair, même si c'est parfois difficile de lui révéler des choses désagréables. La rue m'a appris cela. Les jeunes que je rencontre ont ce talent d'envoyer en pleine gueule, et parfois avec leur poing, ce qu'ils ont à dire. J'ai découvert avec eux la phrase d'Évangile : « Que ton oui soit oui. Que ton non soit non. » (Matthieu 5, 37.)

Le problème, quand on est connu, est que la rumeur est une caisse de résonance multipliée.

Des exemples récents nous ont montré ce qu'elle peut avoir de destructif et de malsain. Isabelle Adjani, la célèbre actrice, donnée pour morte et bien vivante, par exemple, ou les ragots sur l'origine de la mort de Thierry Le Luron.

Quand on marche la main dans la main avec le Christ, on monte plus haut très vite. Sinon, on passe sa vie à se défendre et les ulcères vous envahissent l'estomac ; quant au foie, on risque de le ramasser à la petite cuillère.

Dans une salle, un jour, une personne s'énerve, et me crache plutôt qu'elle ne me dit : « Je sais que tu dresses tes chiens pour attaquer les gens qui t'approchent de trop près. » Je verrai toujours mon chien, Gangster, énorme bête de quatre-vingts kilos, couché sur la scène, dresser une tête endormie en entendant des éclats de voix, puis se rendormir aussi sec, face à cette alerte qui aurait dû au minimum mettre en pièces mon agresseur s'il avait eu raison. Un autre m'affirmait, au milieu d'une foule que je ne pouvais supporter de garder une moto neuve plus de six mois (et pas n'importe laquelle : une 1000 Honda !). J'ai eu beau lui affirmer que depuis dix ans ma moto était vendue (because mes bronchites répétées), il était sûr de ce qu'il avait entendu.

Je ne m'appesantirai pas sur un compte en

Suisse que certains veulent absolument que j'aie, ou sur la crise cardiaque que, d'après certains, je venais d'avoir il y a trois jours. J'ai, depuis longtemps, mesuré ce que les rumeurs ont de pénible, voire de sordide. Cela correspond, sans doute, au besoin de trouver une faille à des hommes et des femmes vivant quelque chose d'exceptionnel pour les ramener à la dimension commune des mortels.

Il faut le savoir et, comme disait Jean XXIII, quand certaines rumeurs malveillantes de son entourage lui étaient répétées : « Faites-le bien et laissez piailler les moineaux. » Notre devoir de chrétien est de faire le plus possible attention en ce qui concerne le prochain et sa réputation. Nous pouvons, par la langue, construire, embellir, fortifier, aussi bien que détruire, enfoncer, tuer.

A la fin d'une messe, j'entendais une bonne vieille dire à son amie : « Je suis heureuse d'avoir serré la main à ce prêtre. On m'a dit que c'est un saint. » Je me tourne vers elle et lui rétorque en souriant : « Arrête, je t'en prie, de dire des conneries. » La grand-mère se ravise et, se tournant vers moi, me lance : « Tout compte fait, je crois que je me suis trompée. » On éclate de rire tous les deux. Voilà au moins une rumeur que j'ai pu démentir... en riant.

Athlète déchu et sportif de Dieu

Les 100 mètres historique des jeux de Séoul. Des demi-dieux qui courent à la limite de leurs forces. L'un d'entre eux se détache nettement. Un athlète prodigieux. Il ne court pas. Il vole. Ben Johnson vers qui des centaines de millions de regards s'accrochent, atteint les limites de l'impossible record. Il a gagné. C'est le délire dans le monde entier. Il pisse. Et l'idole descend dans les bas-fonds de l'opprobre et du déshonneur. Son urine recèle des traces de drogues. Son pays d'adoption entaché, sa personne maculée de honte, c'est la fin d'un héros qui nous avait permis de rêver que les limites humaines étaient illimitées.

Il serait marrant d'analyser l'urine de certains étudiants, de professeurs, d'hommes d'affaires ou d'hommes politiques peut-être, juste après leur examen réussi, ou leur prestation accomplie. Elles risquent de ne pas être plus nettes que celles de Ben Johnson ! Les fortifiants de toutes natures, les pilules miracles de toutes sortes, font recette dans un siècle où il faut dépasser ses limites à des moments précis. Hélas, les hommes de science ont beau proclamer que ces coups de pouce peuvent avoir des répercussions catastrophiques sur l'avenir de l'organisme, ça n'a pas l'air de convaincre beaucoup.

Le sportif de Dieu, lui, a des médicaments miracles pas chers et sans danger pour l'organisme. Ils ne s'achètent pas en pharmacie, parce qu'ils font appel au meilleur de nous, à l'effort personnel et que Dieu en détient la posologie. Énumérons-en un certain nombre.

Celui ou celle qui prie chaque jour refusant de croire en ses propres forces acquiert là, par temps calme ou mer déchaînée, une force incalculable.

Celui ou celle qui a l'humilité de croire que Dieu seul est la référence, le point d'appui et sa joie quotidienne, s'inocule une sérénité et une joie pas possible.

Celui ou celle qui s'arrache de temps à autre à sa tâche quotidienne pour repenser sa vie, revoir ses certitudes, reprendre ses points forts et surtout ses points faibles, dans le silence de Dieu et dans une prière de demande et de pardon, s'injecte une capacité de puissance et de pauvreté immenses.

Enfin, le sportif de Dieu qui sait que son combat quotidien au service de ses frères et sœurs, pour le plus grand partage, pour la plus vivante des solidarités, passe par l'Amour, sera invaincu.

Dieu sera au cœur de son combat parce que sa drogue sera l'Amour et que cette drogue-là rend invincible.

Olivier, un drogué, m'avait dit il y a près de dix ans : « Pour vivre ce que tu vis, tu prends des speeds » (drogues très fortes qui remontent un cheval à l'agonie). Je l'ai suivi de rechute en rechute, de prison en prison. Long combat. Il est venu récemment me voir. Après avoir passé plusieurs heures en silence à mes côtés et m'avoir longuement regardé, il m'a dit, juste avant de me quitter : « Je sais maintenant que tu ne prends pas de speeds ». Et il est parti.

Comme beaucoup, sans me le dire, il savait enfin où je puisais ma force. La liberté et le mystère d'un être c'est de chercher et de prendre les moyens de la trouver pour la vivre. Le sportif de Dieu est un vivant dont la force est illimitée.

Visite à un ermite...

Il me devançait sur le sentier couvert de neige. Sa robe de bure effleurait les branches d'où ruisselaient de petits nuages de perles fines. Nous étions dans son royaume. C'était là, dans ce bois, son ermitage. Il avait tenu à m'y conduire. Je m'étais laissé faire. Je ne sais ce qui m'attirait le plus en lui.

Sans doute l'ermite. C'est si rare un homme qui jette tout en Dieu. Qui reste seul pour le trouver, en pleine nature. Dans un immense bois, au bord d'un étang frétillant de truites et de carpes.

Il y avait l'homme aussi. Ses yeux bleus très clairs, très doux laissent filtrer sa lumière intérieure. Difficile de ne pas fixer son regard. On y plonge comme dans une source d'eau fraîche, après une marche harassante sous un ciel d'été.

C'est un colosse. Il travaille de ses mains. Il

bûcheronne. Avec le peu qu'il gagne, il achète à la ferme voisine les œufs et le lait qui sont l'essentiel de sa nourriture. L'été, un petit jardin au bord d'une source lui amène un complément de vitamines. « Avec de temps en temps une carpe que je pêche dans l'étang et que je fais rôtir au feu de bois », ajoute-t-il, la mine gourmande.

Ce moine frugal m'a étonné quand il m'a demandé doucement mon paquet de tabac pour se rouler une cigarette. « J'en fume pas plus de cinq ou six par jour », m'a-t-il confié.

En fumant tous les deux il m'a, d'un seul coup, fait disparaître l'image d'Épinal du moine ascétique qui vivait à cent mille années-lumière de notre planète.

J'ai aimé son regard amoureux sur les bêtes qui hantent son bois. Il m'a parlé des chevreuils qui viennent le visiter régulièrement. « Ils font comme s'ils ne me voyaient pas. » Le renard passe à deux mètres du tronc d'arbre où, assis, il contemple. La buse fond sur un lapin qui, devant lui, tente de goûter aux premières carottes de son jardin.

Il vit là depuis six ans, dans une roulotte de deux pièces : un bureau où il écrit et lit, et une minuscule chapelle. Son lit est au pied de l'autel. Je me demande bien comment il peut reposer sa carcasse athlétique dans un espace si réduit.

On prie ensemble. Nous rendons grâce au Seigneur, les pieds dans la neige. Nous ne pouvons tenir dans la chapelle trop étroite. Il en a ouvert les deux petites portes. Prière aux dimensions de la terre. Je bénis, à sa demande, son coin de paradis. Son compagnon de tous les instants est là. Le Dieu d'amour qui lui a fait abandonner une brillante carrière lui apporte toutes les joies que le monde ne pouvait lui accorder.

Je jette un œil sur une autre roulotte située un peu plus haut. « C'est pour l'invité qui passe. » Petit poêle, humble nécessaire pour vivre. Tout est aménagé pour que l'essentiel qui est Dieu à rencontrer permette à l'hôte de ne pas manquer le rendez-vous.

Il m'a donné, avant mon départ, son magnifique livre de prières. Il semblait beaucoup y tenir. C'est pour cela sans doute qu'il me l'a offert.

Il m'a devancé sur le sentier du retour comme pour tasser la neige devant moi.

Un rapace s'est envolé à deux mètres de nos foulées alourdies par la neige. Les restes d'un lapin ensanglantaient le sentier.

« Il l'a attaqué ce matin. J'ai été obligé de l'achever. Il était encore vivant. »

Après ce bref commentaire, Bernard m'a regardé longuement, avant de me laisser partir. Je ne sais pas ce qu'est le ciel. Mais ce doit être quelque chose que j'ai happé dans ce regard.

Fêtes, en Église

C'est ça l'Avent...

L'équipe jociste de cette petite ville belge avait depuis longtemps préparé mon arrivée. Un long entretien avec les gars et les filles sur leur vie, leurs difficultés, avait précédé un petit montage audiovisuel fait par eux où éclatait la vie d'un groupe se tenant les coudes et s'entraidant. « On voudrait bien faire une messe avec toi. Mais pour nous seuls. » Ils me proposent de la célébrer à 10 heures. Elle aurait précédé celle, paroissiale, de 11 heures. Je leur dis : « Venez à 11 heures. Ce sera chouette, tous ensemble. » « Non, c'est les bourgeois de la ville. Ils ne manquent jamais leur messe. Mais après ils se foutent des autres et on ne les voit jamais. »

Leur aumônier renchérit : « La messe de 11 heures ne leur dit pas grand-chose, ils n'iront pas. » Je me tais. La journée se passe à aller visiter une jociste accidentée sur son lit d'hôpital, voir plusieurs jeunes qui m'ont demandé un entretien et vivre avec ce groupe si attachant. Le soir, conférence avec la population et les jocistes. Arrive, en fin d'échange, une horde de loubards venant de la ville voisine, à grand renfort de klaxons dans leurs demi-douzaine de voitures, aussi voyantes que les chapeaux de la reine d'Angleterre... Je les avais déjà vu la veille au soir à la conférence précédente dans une ville proche. La nuit, ils m'avaient emmené dans leur local : maison squatterisée où ils vivent leur détresse plusieurs heures par jour. Ils revenaient pour prolonger notre échange.

Eux aussi voudraient une messe « pour te voir simplement la dire », précisent-ils. « Venez à 11 heures. — Non. Pas avec les bourgeois », me répondent-ils. « Eh ! Hier vous m'avez entraîné dans votre église à 2 heures du matin, c'est-à-dire dans ce local auquel vous tenez tant. Venez dans mon église où j'aime tant célébrer. — Bon d'accord, on ira. »

A 11 heures moins le quart, les trente blousons noirs, nanas comprises, m'attendent devant le porche du temple. Les jocistes sont là aussi. Une journée passée avec eux pour être à l'écoute de leurs espoirs et de leurs préoccupations a suffi, sans que je leur dise rien, pour qu'ils me suivent jusqu'ici. Je n'appréhende rien, sachant que le Seigneur peut très bien, dans certaines circonstances, rassembler ses enfants si divers sous son aile. A moi de me laisser porter par lui pour que ces groupes si différents puissent en faire un seul.

Je prends le micro et subitement demande : « Qui veut prendre la parole ? » Philippe, le chef de la bande des loubards, jaillit de son banc. Les yeux des paroissiens s'écarquillent. Ce Rambo belge, aux cheveux longs et sales, à l'allure sauvage, s'approche à grands pas et parle. Les mots jaillissent à mon grand étonnement, forts, durs et tendres à la fois.

« Vous êtes venus prier et voir Guy. Il a notre gueule et notre langage. C'est pour ça qu'on est là : par amitié pour lui. Vous avez pas l'habitude de nous voir ici. On n'a rien à voir avec vous. Mais au moins si, aujourd'hui, on est ensemble ici, on pourra peut-être, dehors, se regarder autrement. On a l'air violents. Mais sachez qu'on ne l'est pas. On a subi trop de misères de partout pour avoir l'air gentil. Mais au fond, on n'est pas méchants. On est contents d'être avec vous aujourd'hui, si ça peut changer quelque chose. Voilà ce que je voulais dire. » Une rafale d'applaudissements emplit la nef. Deux jocistes dynamisés par cette parole vibrante et directe avancent à leur tour et, avec leurs mots, soulèvent une deuxième vague d'applaudissements.

La messe se déroule dans un silence que les jeunes venus d'ailleurs ne trahissent pas. Il me faut, bien sûr, écourter le canon de la messe et commenter en direct des phrases trop lourdes à comprendre pour ceux et celles qui sont, ce matin, les préférés de Dieu.

A la sortie, sur tous les visages se dessine une seule expression : la joie. Je reste plus d'une demi-heure avec une petite foule qui semble, malgré l'heure du déjeuner, peu pressée de quitter le porche.

Je regarde les visages et les dégaines. Ces costumes bon chic bon genre, mêlés aux blousons de cuir débraillés, c'est l'Église universelle rassemblée. C'est pas long, une heure ensemble, mais ça peut peser lourd pour certains qui s'en iront meurtris d'avoir attendu si longtemps pour reconnaître l'autre et heureux à la fois de l'avoir reconnu en plein cœur de l'Église. Un seul souhait : qu'ils continuent à se reconnaître dehors. « J'ai jamais vu ça », me confie un vieux paroissien héberlué et ravi.

Je préfère encore ce commentaire d'une chrétienne très engagée mais venue ce matin-là exceptionnellement : « Je n'aime pas cette Église et ceux et celles qui la fréquentent ; il y a longtemps que je l'ai quittée. Dimanche prochain, on fête là le centenaire de sa consécration. Je n'irai pas. Ce matin m'a suffi. Tous ces jeunes gens exclus de partout se rassemblant aujourd'hui avec les paroissiens habituels, c'est sans doute la plus belle fête que cette Église ait vécue. »

C'est ça l'Avent. Se préparer à accueillir dans l'Église et dans son cœur les plus petits de nos frères et sœurs, les plus loins, ceux et celles de son entourage qu'on ne voit plus. A l'image du Fils de Dieu, exclu de partout, qui a choisi le seul endroit chaud qui restait : une étable. L'étable qui nous rassemblera à Noël.

Carême : pas seul et pas pour soi

« J'ai fait mon carême » est une expression indigne d'un chrétien. Le carême ne se fait pas seul et ne se fait pas d'abord pour soi. Le jeûne du carême est un stimulant pour mieux vivre ce temps voué à la pénitence et à la prière.

Pour mieux approcher la lumière pascale, l'Église demande aux chrétiens de vivre une forte ascèse durant cinq semaines. C'est donc huit cents millions de chrétiens qui entrent en carême.

Ce temps de pénitence a été singulièrement allégé au cours de l'histoire de l'Église.

Il n'empêche, la France, qui figure parmi les six nations les plus riches du monde, a peine à se priver. Il est bien connu que plus on est pauvre plus on partage et plus on est riche moins on est solidaire des autres.

Il nous faut faire de ces quarante jours un temps fort.

En famille d'abord : la Trinité d'amour

qu'est la famille — la femme, l'homme et l'enfant — peut porter des fruits étonnants si elle veut vivre un vrai carême. Mille petits sacrifices peuvent être vécus : un repas sans dessert, un film à la télé remplacé par une discussion amicale, une visite à l'ancienne de l'immeuble, qu'on sait seule, et à qui, justement, on apporte le gâteau, fruit de la privation.

Une famille qui aime et qui s'aime aura l'imagination du cœur : c'est-à-dire illimitée.

Avec nos équipes chrétiennes : paroisses, mouvements appelant à se dépasser. J'ai vu parfois des gestes collectifs surprenants, gestes de partage profond, vrai, où les chrétiens ont été appelés à donner beaucoup d'eux-mêmes : un tracteur offert à un village d'Afrique, un puits foré qui donnera la vie à une terre lointaine et désertique.

Des familles nécessiteuses aidées, logées et portées par toute une communauté. Des prisonniers visités, assistés par des mandats ou fêtés par un groupe venant animer une soirée.

Le jeûne a trois buts précis :

Ascèse personnelle : peu manger, pas ou moins fumer, se priver d'alcool, cela repose glandes salivaires, intestinales, et débarrasse le corps de nombreuses scories qui l'embarrassent et lui nuisent. Le ramadan complet que j'ai vécu avec les musulmans, quand j'étais en Algérie, m'a définitivement débarrassé d'amibes intestinaux qui me gênaient depuis deux ans.

Ascèse collective : pour sentir la faim des affamés de la terre. Avoir faim, avec son réfrigérateur plein, est excellent pour prendre conscience qu'on a la chance de manger tous les jours, alors qu'à des milliers de kilomètres, si ce n'est à quelques centaines de mètres de chez soi, des hommes et des femmes ont faim.

Rencontre avec Dieu : il est connu enfin qu'en état de jeûne volontaire l'esprit, débarrassé de la matière, gagne du terrain. C'est celui notamment de la prière. L'union à Dieu se fait plus facilement. Surtout lorsqu'on sait que des millions de chrétiens, au même moment, portent leur regard vers Dieu et communient plus intensément en Église au mystère d'amour de Dieu.

On peut aussi travailler, durant ce temps, un aspect de sa personnalité qu'on sait nuisible à soi ou aux autres. Chaque jour, durant quarante jours, apprendre à se maîtriser ou à écouter, à s'intéresser à une personne que d'habitude nous refusons de voir, c'est aussi vivre un carême que Dieu aimera.

Le meilleur de ce temps ne sera pas nos privations extérieures visibles, affichées, mais ce que nous vivrons de dur dans le silence, avec le Seigneur amoureusement témoin. L'Évangile est formel là-dessus : « Quand tu jeûnes, ne le montre à personne, parfume-toi la tête et porte la joie sur le visage. »

Le carême peut avoir aussi parfois d'étonnants prolongements. J'avais connu Didier au cours d'une conférence. Ses amis du lycée lui avaient annoncé ma venue. Il avait refusé de venir. Sa copine, que je connaissais, m'avait averti. Au culot, j'appelle Didier : « Viens. Tu seras mon invité de ce soir. » Il est venu pour voir. L'Église lui répugnait littéralement, au point qu'il avait demandé un jour à sa mère « comment se faire débaptiser », trouvant intolérable d'avoir été baptisé sans son avis, alors qu'il n'avait que quinze jours. Une grande amitié est née depuis entre nous. Je ne l'ai pas converti. Mais j'aime beaucoup qu'il m'appelle de temps à autre : « Guy, on jeûne, si tu veux, lundi prochain. » Nous vivons alors une journée entière de communion, rompue toujours à 19 heures par son coup de téléphone : « C'était super chouette. Bon appétit, Guy ! » Il n'est de vrai que l'amitié et l'amour partagé.

Tout ce qui nous fait grandir dans ce sens, sous l'éblouissante lumière de Dieu, est bon. Le carême doit nous rapprocher, unir nos différences, transformer notre regard, apaiser nos conflits, nous ouvrir à l'universel. C'est un grand moment d'Église. Ne le manquons pas.

Fête de l'amour

Jeudi saint

Gaël m'avait invité. Il avait fallu qu'il insiste. Je n'ai, en effet, aucun goût pour un récital de musique hard. Deux mille jeunes écoutaient les hurlements des chanteurs. Ils étaient trois à alterner leurs chants hurlés, faits de cris et de frémissements d'orgasme. Le tout inondé de lumières violentes et changeantes sur scène, et de fumée dans la salle. La foule des jeunes imitait leurs idoles aux longs cheveux qui gesticulaient dans tous les sens. Je me suis retenu plusieurs fois au strapontin pour ne pas partir. J'ai tenu à rester pour comprendre, et communier à la détresse de ces jeunes qui cherchaient là, de façon paradoxale, ce qui comble de temps à autre leur vide immense, leurs attentes inassouvies. Le bruit et l'alcool joints au tabac ne pouvaient qu'accentuer cette soif d'autre chose.

Et je pensais à l'Eucharistie...

« A la messe, je me fais chier », me lançait dernièrement un jeune chrétien, au milieu de centaines de ses copains et copines qui applaudirent aussitôt cette remarque aussi brutale que triviale. J'étais plutôt gêné. Mais je pense que les prêtres présents entendirent comme moi : « C'est pas une fête pour moi. C'est une corvée, loin de mon langage de jeune et de mes préoccupations. J'ai besoin qu'on m'entende. Le Christ m'attire. Mais le moment le plus important, où il est là, n'est pas, pour nous, fête, joie. »

Aucun moment de la vie d'un chrétien n'est pourtant plus grand que ce moment-là. C'est l'heure de l'amour qui descend. C'est l'heure de la communion totale entre ceux et celles dont les yeux sont tournés vers l'autel. Tout part de là et doit s'y rassembler.

« Si ton Dieu est vraiment là présent, tu ne devrais plus jamais quitter l'autel », me disait magnifiquement un loubard, qui me demandait ce qu'il y avait dans l'hostie et le vin de la messe.

Je ne comprendrai jamais bien ce miracle quotidien qui passe par mes lèvres et mes mains : Dieu qui vient quand je l'appelle puisque j'ai reçu ce pouvoir. Célébrer l'Eucharistie c'est, ensemble, avoir un avant-goût du royaume de Dieu qui vient.

On peut croire que c'est facile de célébrer l'Eucharistie. Erreur ! Si on s'investit dedans, si on veut la faire bien partager à ceux et celles pour qui nous la célébrons, alors on vit une heure forte, intense, où chaque mot est vie, lumière, chaleur.

Un repas de fête est toujours nouveau, le maître de maison s'ingéniant à le rendre agréable pour tous. Pas facile, durant une Eucharistie, d'avoir une parole neuve. Et pourtant, cette parole que le prêtre a le premier devoir de dire va donner le ton, la force, l'union indispensable qui rassemblera.

Pas facile de faire entrer les autres dans une liturgie adaptée pour qu'ils en partent enrichis et heureux.

Et pourtant, je sais que faire descendre l'amour dans mes mains nues, c'est ce que je peux faire de plus beau et de plus grand depuis vingt-trois ans.

Je me souviens de mes premières messes au Sahara. En camp de vacances, je me retirais de la horde de jeunes musulmans avec qui je campais pour célébrer, seul, assis sur le sable avec comme ornement un burnous et mon étole. A même le sable, sur un tissu immaculé, le calice et la patène. Quelques-uns parmi les jeunes s'approchaient à une dizaine de mètres et, silencieux, regardaient. Messe sur le monde, dans le décor fabuleux des dunes, à perte de vue.

Maintenant, je célèbre pour des chrétiens, souvent avec quelques loubards à proximité. Comme en Algérie, à quelques mètres, ils regardent en silence.

Face aux sollicitations de violence, d'égoïsme et de gesticulation qui envahissent le monde, la plus grande prière du chrétien, qui est l'Eucharistie, appelle à l'amour, à la paix, à la réconciliation, à la miséricorde.

Au bruit qui divise, sépare et empêche la réflexion et tout retour sur soi-même, cette prière appelle au silence, à la méditation, au rassemblement.

Célébrer le Jeudi saint avec mon évêque et la foule des prêtres disséminés dans l'immense nef de Notre-Dame est un temps très fort.

Fête de l'amour, le Jeudi saint visualise l'union de tous et de toutes autour du Christ, en rappelant qu'il y a deux mille ans le Seigneur, entouré de ses douze apôtres, a voulu rester définitivement parmi nous dans le seul moment quotidien qui rassemble : le repas.

Certains loubards ont pris pour habitude de me souhaiter ma fête ce jour-là. Ce sont les plus beaux vœux que j'aie jamais reçus.

Souffrance et espoir

Vendredi saint

Ses quatre copains venaient de mourir de façon atroce. Ils rentraient d'une soirée de fête. Un virage manqué dans ces gorges profondes, ça ne pardonne pas. La voiture a terminé sa course cent cinquante mètres plus bas.

A l'enterrement, il a entendu le prêtre parler du bonheur de l'au-delà où étaient entrés définitivement les quatre jeunes. Il n'était pas chrétien. Pour lui, le royaume de Dieu est un mirage impossible. Il a quitté alors la cérémonie, ulcéré et aigri. Il allait souvent la nuit au cimetière, hanté par la mort, le vide, la souffrance inutile.

C'est peu après que je l'ai rencontré. Il m'a bien sûr invité à son pèlerinage nocturne. Il n'a pas détesté qu'après le signe mystérieux qu'il traçait sur la neige qui recouvrait les tombes, je fasse un signe de croix avec pour simple prière : « Que tout ce que tu as fait de bon sur terre rejaillisse sur tous ceux et celles que tu as aimés. »

C'est la mort de Christian, mon neveu bien-aimé, happé par un torrent, qui m'a appris à comprendre la souffrance. J'ai interrogé Dieu souvent depuis, pour lui crier l'injustice de cette mort brutale, tout en lui disant aussitôt : « Que ta volonté soit faite. »

Seul le chrétien face à la croix peut comprendre. « Enlève de moi ce calice », a dit le Christ, à bout de souffrance. Et puis, se reprenant : « Père, que ta volonté soit faite. »

Plus que jamais, nous avons à méditer le mystère de la souffrance et de la mort. Dieu seul a la réponse. Dieu seul peut nous la transmettre.

Dans un monde qui s'acharne à stopper ou à apaiser la maladie et la souffrance, à faire durer la vie, le calvaire du Christ est de plus en plus incompréhensible, intolérable.

S'il est une question que les chrétiens et non-chrétiens nous posent, c'est celle-là en priorité : « Pourquoi Dieu fait-il souffrir ? » « Pourquoi la mort ? »

Je réponds toujours d'abord : « Ce qui est bizarre, quand tout va bien, quand ton travail marche, que ta famille est heureuse, c'est que tu ne remercies jamais Dieu. Dans le bonheur que tu vis, il semble ne pas exister. Du moins, tu ne penses pas que Dieu peut apporter le bonheur. C'est quand tout va mal que Dieu revient alors en force dans ta bouche et que tu t'acharnes à lui imputer les malheurs qui t'accablent. »

La sérénité du chrétien dans les coups durs est un des plus grands signes de l'existence de Dieu.

J'ai assisté presque coup sur coup à deux enterrements. Deux enfants morts brutalement. Je reverrai toujours les larmes qui coulaient sur les deux visages sereins d'Abel et d'Andrée. Le cercueil de leur fils était entouré de jeunes qui chantaient leur foi. Éducateurs tous les deux, chrétiens militants, ils avaient trop crié leur foi pour ne pas en sentir, ce jour-là, le boomerang dans la foule qui partageait et leur deuil et leur formidable espérance.

L'autre cérémonie fut effroyable. La mère, éperdue de douleur, s'évanouit. Le père ne marchait que soutenu.

Les paroles d'espérance tombaient, glaciales, sur le cercueil. Je pensais à la détresse de ceux et celles qui ne peuvent accepter l'irrémédiable. Il ne l'est plus à la seule lumière de Dieu.

Cette lumière, nous devons l'acquérir. Rares sont les vies qui ne côtoient pas la souffrance. Nous devons l'accepter. La souffrance purifie. Elle communie au mystère du calvaire.

Après une enfance et une adolescence que l'amour de Joseph et de Marie avait amenées à leur plénitude, Jésus entre dans la dernière phase de sa vie. Rien ne le laisse indifférent. Il est un formidable vivant que tout atteint : joie et souffrance. Il participe aux fêtes en n'omettant aucun détail, ne serait-ce que gastronomique quand sa mère lui glisse un clin d'œil devant les bonnes bouteilles de vin vidées trop vite et qu'il remplit promptement du meilleur cru.

Il ressuscite Lazare, son grand ami, pour manifester sa puissance. Il réchauffe les militants, qu'ils soient militaires ou escrocs patentés, tel Zachée l'inspecteur d'impôts.

Mais surtout, il fond devant toute souffrance. Boiteux, aveugles, courent et voient tout au long de la route.

Il restera seul à souffrir. Plus d'amis. Les saint Pierre se barrent courageusement en criant bien haut : « Ce mec, connais pas. Jamais vu. »

Seules les femmes seront là, elles qui ont le génie de partager toute souffrance, sans mot dire, en sachant apporter le baume qui seul est efficace quand toute parole est inutile : rester à côté.

Aucun être n'a tant souffert. Si on le croit, alors toute souffrance vécue dans le cœur de Dieu aura une signification, ne sera pas inutile et sera source de grâces pour tous ceux et celles qui nous approchent.

Si la prière des contemplatifs m'atteint le plus intensément au cœur des situations très difficiles que j'aborde quotidiennement, celle des malades m'apporte une richesse que je sens parfois physiquement.

Celui qui souffre est aimé de Dieu plus que quiconque. Quand on le sait et quand on le croit, la vie prend une dimension radieuse.

Tout espoir est permis. Dieu est là. Il veille au grain. Par mer calme, remercions-le. Dans la tempête, appelons-le. En sachant que nos souffrances offertes sont prières silencieuses. Elles ne peuvent qu'être exaucées quand on sait que Jésus, côté souffrance, est le plus grand expert de l'humanité.

... Et que, demain, il reviendra.

Joie et paix

Pâques

Depuis une heure je participais comme invité à une radio libre en banlieue parisienne. J'aime ce type d'échange, surtout quand les personnes interpellées appellent. En ligne, Rachid, un ancien que j'avais perdu de vue depuis trois ans.

La voix est calme. Je ne la reconnais pas au début, tellement elle a changé.

Je me rappelais douloureusement notre dernière entrevue puisqu'il l'évoquait au téléphone : « Tu te souviens, Guy, la dernière fois que je t'ai vu, j'étais saoul, comme d'habitude. Mais cette fois-là, j'étais très violent. J'avais perdu la tête. Tu as refusé de me recevoir à la permanence car j'avais agressé quelqu'un pour son fric dans la rue et tu étais furieux, car tu m'hébergeais et m'aidais à ce moment-là. Je t'ai provoqué. Tu avais la tête dans les mains et tu n'as rien dit sauf ces mots : “ Pars, Rachid. Avec l'équipe, on a tout fait pour te mettre sur les rails. Mais ce putain d'alcool brise tout et t'empêche de vivre. Règle ce problème avec toi-même. Tu as assez de force en toi pour y arriver. ” Je me haïssais à tel point que j'en voulais au monde entier. J'étais venu t'agresser, toi que je respecte tant. J'en pouvais plus. Et tu es entré dans la permanence après un moment de silence. Furieux, je suis reparti, mais en emportant tes derniers mots et surtout ton silence. »

J'ai vérifié dans mon métier que parfois le mot juste c'est précisément le silence. Rachid s'est fait mettre un emplas quelques jours plus tard. Plus jamais, depuis, il n'avait bu une seule goutte d'alcool. Il avait un amour, un gosse. Enfin le bonheur arrivait. C'est ce qu'il commentait à la radio en parlant de son combat, de son chemin solitaire, de la compagne qu'il aimait et du fruit de leur amour. J'écoutais, émerveillé, cette résurrection. Je lui ai promis comme il me le demandait de baptiser son gosse.

La résurrection permet tous les espoirs.

J'attends impatiemment ses lettres. Elles sont parmi les plus belles.

Un hold-up manqué avec ses complices a

ouvert pour longtemps à Georges les portes d'une prison.

Après une vie de déroute totale et un passage de huit mois avec nous, il avait repris son chemin d'errance et rechuté. Mais la prison qui aurait dû le rendre haineux, aigri, l'a transformé. La Bible, lue un jour par hasard, a été pour lui un formidable déclic. « Ma première Bible a été celle branchée sur nos huit mois de partage, de confiance et de coude à coude fraternel. » Pourtant pas un mot durant ce temps sur Jésus-Christ. « Je ne l'aurais pas toléré, m'a-t-il écrit depuis. Un Dieu d'amour à ce moment-là était inconcevable, intolérable. J'avais vraiment été trop massacré durant mes trente années de vie. Quand j'étais petit, pas d'affection, mais des coups. Adolescent, je travaillais dans des fermes. Enfant perdu, je n'étais rien. Seulement exploité. Adulte, seules les combines louches m'intéressaient. Et puis, ces huit mois où j'ai appris que la confiance, le partage, le respect ça existait. J'ai lu la Bible en fonction de ce vécu. J'ai tiré un trait définitif sur mon passé. Ce qui m'arrive est trop beau. Je sais que je ne rattraperai rien, mais que la vie a un sens. Seul l'amour fait vivre. »

Aimer, c'est ressusciter.

Les moteurs en grondant nous arrachaient à la terre. Coïncidence. A cette minute même, on enterrait Michèle. J'aurais tant voulu être là ! Mais des jeunes Suisses m'avaient invité depuis longtemps pour ce week-end Je m'envolais pour les rejoindre. Alors je priais et je me souvenais. Au fond, c'était le bon moment et l'endroit idéal puisqu'on fonçait vers le ciel.

Ancienne prostituée, Michèle avait combattu pour arracher au trottoir ses sœurs des rues de Paris et de partout.

Un jour qu'on échangeait ensemble, avec un groupe, elle nous a appelés à la prière. C'est ce moment-là qui m'avait marqué. Le visage était radieux. Visage de pauvreté et de souffrance mêlées, mais illuminé de la lumière de Dieu qui l'avait saisie. Elle priait et je la regardais. Cet instant m'avait laissé une profonde impression de paix et de sérénité.

Chaque être porte en lui-même une part de résurrection.

Chaque être peut nous enrichir, à condition de plonger en lui dans ce qu'il a de beau, de meilleur, de lumineux, de divin. Malheureusement nous regardons, épluchons d'abord les ténèbres de l'autre. Et nous en restons là.

Nous ne prenons pas assez de temps de silence pour admirer l'œuvre de résurrection dans les êtres. Nous ne prenons pas assez de distance pour apporter le meilleur de nous et recevoir le meilleur de l'autre.

Les compagnons d'Emmaüs qui parlaient de Jésus l'abordent sur le chemin sans le reconnaître.

C'est un des moments les plus forts pour comprendre la présence du Christ parmi nous. Il est là, dans chaque être, enfoui, prêt à se faire reconnaître, et nous passons sans le voir. Nous manquons la rencontre souvent, pris par notre égoïsme, nos refus, nos barrières, nos intolérances, nos rejets. Nous avons besoin de demander dans notre prière le regard du Christ. Il plongeait dans les êtres avec une telle intensité, une telle fraîcheur, une telle nouveauté que personne n'oubliait jamais plus ce regard. Et en vivait.

Le Christ ressuscité a besoin de notre regard de tendresse et de miséricorde pour aborder chaque être.

Dans la foule de ceux et celles que je rencontre, j'ai découvert parfois cette lumière qui ne peut venir que de Dieu.

Plonger dans ce que chaque personne a de meilleur, c'est recevoir une parcelle de la lumière du Ressuscité.

La résurrection permet tous les espoirs. Seul l'Amour a le parfum de la résurrection. A condition que cet amour soit visible, vivant et que toute rencontre de qui que ce soit nous donne l'occasion de recevoir Dieu et de le dire.

La paix et la joie baignaient les apôtres, quand ils ont enfin cru que Jésus était ressuscité. Leur force est partie de là.

Ces essentiels de Pâques n'ont pas besoin de mots ni de vacarme pour se dire. Entrons dans cette fête prestigieuse dans le plus grand calme, en faisant silence, en priant.

Que les flammes de la veillée pascale dansent de joie dans nos cœurs. Que ce mystère du Christ ressuscité illumine tout en nous.

Alors tous nos manques et toute souffrance seront portés allègrement. Et nous aurons ce fameux « visage de ressuscité » que Gandhi cherchait désespérément sur la face des chrétiens. C'est ce visage-là qui dira plus que tout que le Christ est vivant.

L'amour de l'Église

Ascension

Jusqu'au bout, ils n'ont rien pigé. Faut reconnaître que voir agir, et vivre avec cet homme extraordinaire, capable de dire à un macchabée (et pas récent) : « Debout et marche », c'est dingue. Ils se sentaient adulés, portés par la foule qui, tout en vénérant Jésus, cherchait à connaître, aussi, ceux qui l'accompagnaient. Ils ne crachaient pas, eux les disciples, sur cette gloire que Jésus refusait. Ils se battaient même au portillon pour savoir qui, un jour, aurait un strapontin et, qui sait, un fauteuil... dans le plus grand des royaumes, celui de Dieu.

Où ça a été moche, c'est quand le hit-parade a cessé. Jésus arrêté, interrogé, passé à tabac, là ils se tirent et vont jusqu'à dire et répéter : « Moi, à ses côtés, jamais », « Connais pas ».

La résurrection, aussi stupéfiante que brutale, leur permet de voir, de comprendre. Pas tout encore. « Il est ressuscité. C'est super chouette. Sûr qu'on le garde maintenant, puisqu'il est éternel. »

Il faut des anges pour leur dire à l'Ascension : « Les copains, vous en avez assez vu et appris. Maintenant, il faut bosser. L'Église est à bâtir. Ça sera pas du gâteau mais n'ayez pas peur. Jusqu'à la fin des temps il sera là. Il vient de vous le dire... »

Le ministère de Jésus est fini. Le message de l'Ascension est clair : la mission de l'Église commence. L'infime équipe des disciples n'a qu'un Dieu d'Amour à transmettre en vivant et mourant pour l'affirmer.

Autre message fulgurant que son départ apporte : l'universalité.

Trente-trois ans de vie s'achèvent dans un temps donné, dans une culture précise, avec des milliers de gens rencontrés, aimés, reconnus, sauvés.

Il va être présent maintenant sous toutes les latitudes, sous tous les climats, avec toutes les civilisations. Chacun et chacune pourra dire, de l'empereur au clochard : « Il m'aime. C'est mon Dieu. Je compte plus que tout pour lui. »

De Barbie à Pinochet, du Lapon au Pygmée, de l'industriel au manœuvre, il vient sauver sans exclure quiconque. Le plus grand apparemment n'est que du pipi de chat dans sa grandeur. Tout nu, il est un de ses frères ou sœurs inestimable, apte à être sauvé, pardonné, dynamisé par son amour.

Après le départ : l'envoi. « Je serai partout où vous serez pour prêcher, baptiser et vivre l'amour, le partage, le pardon, la miséricorde, la main offerte au plus petit des plus petits. »

Ce que suscite en moi l'Ascension ? l'amour de l'Église ! Un amour fort, fidèle, passionné et passionnant. Parce que je sais que l'Église m'aime, t'aime, nous aime.

Jamais nous n'avons eu autant besoin d'aimer l'Église. Quand je vois les intégristes, à coups de bélier, défoncer et kidnapper une église pour imposer le sacrement de l'Amour, qui n'est plus que celui de la désunion, voire de la haine, j'ai mal à mon Église. Mais je l'aime un peu plus dans la réponse des prêtres de la paroisse volée et violée : « On ne répondra pas par la violence. Que Dieu vous aide à retrouver la route de l'unité. »

Quand je vois les chrétiens philippins et haïtiens chasser leurs dictateurs par la plus puissante des videuses de tyrans : la non-violence, j'aime l'Église !

Quand j'ai entendu Jean-Paul II crier au monde que la vie ne doit pas être vendue, manipulée, expérimentée mais désirée et aimée, j'aime un peu plus l'Église.

Elle a ceci d'unique et de fondamental : elle n'a pas d'électorat à peloter. Elle a à défendre au nom du Christ « ce qu'il y a de plus grand pour l'homme : sa dignité et sa filiation divine ».

Les consignes du Christ, répétées par les apôtres, restent deux mille ans après nettes : « Vous n'êtes pas du monde. Vous serez des fous dans ce monde. Ce que je vous annonce est dur, difficile. »

Être chrétien, c'est vivre dangereusement.

Laissons-nous aimer par l'Église. OK, elle a des trucs moches, très moches parfois. Mais elle nous aime de façon totale, absolue, parce que le Christ est en elle. Et si nos visages d'hommes et de femmes la défigurent, elle porte le plus grand message d'espérance et d'amour que la terre ait jamais connu.

Critiquer sans cesse l'Église, c'est se mettre en position de supériorité, c'est céder à l'orgueil. Bien sûr, nous ne devons jamais accepter les manques et les tares de l'Église. Et nous devons, quand il le faut, les dénoncer, mais tout en restant amoureux et fidèles.

Portée par l'amour de tous les chrétiens, et elle-même aimante, l'Église ne peut que naître tous les jours sans crainte, sans peur.

Le Christ nous a quittés hier... pour mieux rester avec nous aujourd'hui.

Pour nous aider à monter, grimper, se traîner, mais avancer en regardant toujours vers le haut.

Le Saint-Esprit... et ses fruits

Pentecôte

La salle était comble. Bourrée comme un œuf. Une foule de jeunes participait au débat. J'avais dit nettement, sans cacher une seconde mon drapeau dans ma poche, qui était Dieu pour moi : l'amour et ma force.

Une jeune fille s'avance et prend le micro. « Guy, depuis une heure et demie, tu n'as nommé Dieu que trois fois. C'est peu pour un prêtre. S'il est l'essentiel de ta vie, tu ne dois parler que de lui. » Et puis d'un seul coup, elle commence une prière pour que l'Esprit-Saint descende sur cette salle où, au départ, j'étais venu d'abord pour témoigner de l'humain massacré des jeunes dont j'ai la charge.

La foule bouge, murmure et siffle un peu. Elle allait bientôt siffler beaucoup. Je prends le micro, remercie la fille et lui dis : « Le regard que je porte avec mon équipe dans ce monde de loubards veut être celui de Dieu. Ce soir, j'ai affaire non pas à des chrétiens exclusivement mais à une foule aux multiples idéologies. Je ne suis pas venu faire un cours de cathéchisme, ou appeler à la prière, sinon j'aurais prévenu. J'ai dit Dieu qui me brûle suffisamment pour être compris, mais sans l'imposer à cette salle. » Je me serais passé du tonnerre d'applaudissements qui a suivi. J'ai remercié seulement la fille pour sa foi exprimée. Tout en pensant au fond de moi-même que l'Esprit-Saint qu'elle appelait sur la salle ne me semblait pas tout à fait le même que le mien... du moins dans ce qu'il nous inspirait.

Une lettre de Suisse me suppliait de prendre Pascal, trente et un ans, drogué, paumé, suicidaire. A la fin, cette seule phrase : « Mon mari et moi-même sommes sûrs que l'Esprit-Saint conduit Pascal vers toi. » Pas le temps de répondre, Pascal était là. L'Esprit-Saint, dans les temps modernes, court ventre à terre... Il m'a fallu deux bonnes heures pour lui dire que notre porte n'était pas la bonne. Il m'a fallu cinq minutes pour écrire à ce couple « si bien inspiré » que je garderai longtemps l'image du visage émacié et accablé de Pascal qui m'écoutait lui dire que nous n'étions pas des surhommes et que nous ne pouvions nous occuper de tous ceux et celles qui frappent à notre porte (plusieurs milliers par an).

Beaucoup parmi les gars et les filles qui nous arrivent ont dans la main un billet griffonné par d'excellents chrétiens qui, dans le métro ou dans la rue, ont donné mon adresse avec, verbalement, cette phrase magique : « Tu verras, il s'occupera de toi. C'est un gars qui va jusqu'au bout. Il te lâchera pas. » En attendant, ces personnes doivent le soir remercier l'Esprit-Saint de les avoir dirigés vers nous avant de dormir du sommeil du juste. Le gars, lui, part, seul dans la nuit, écœuré, après un long moment de discussion, un casse-croûte et trente francs en poche.

L'Esprit-Saint n'est plus cet « inconnu célèbre », ce « grand méconnu » d'il y a vingt ans. Fleurissent partout des communautés chrétiennes qui le placent au cœur de leur vie. Bravo ! L'Église d'aujourd'hui s'enrichit de cette nouvelle reconnaissance de l'Esprit qui balaie le monde. Mais il y a l'Esprit-Saint et les autres, c'est-à-dire les copies pas très conformes. Pour déceler l'Esprit là où il est, c'est surtout pas à travers ses poussées sentimentales, ses idées fixes, ou ses pulsions du moment qu'on le trouvera. Il est ailleurs.

« Suivez l'Esprit de Dieu et vous n'obéirez pas à la poussée de vos sentiments. » (Ga 5, 16.)

« Comment suivre l'Esprit et ne pas se fourvoyer : travailler d'arrache-pied ses fruits. Les fruits de l'Esprit sont : amour, joie, paix, patience, amabilité, bonté, fidélité, douceur, maîtrise de soi. » (Ga 5, 17-18.)

Si on aime, on possède tout. Et d'abord la connaissance de l'Esprit-Saint en nous. L'Esprit d'amour prié et aimé nous dira tout, nous fera tout voir, nous fera tout vivre. Il suffit de se laisser imprégner par l'amour qui l'habite. Il est remarquable de voir, dans la vie des saints, l'extraordinaire puissance qu'ils possédaient parce qu'ils aimaient. Et beaucoup comme le curé d'Ars semblaient n'avoir qu'un pois chiche pour intelligence !

La joie témoigne de l'Esprit. Un témoin du Christ pétant de joie sème autour de lui la lumière. Pas d'ombre en lui. Il rayonne et éclaire de ses lasers toute personne qui l'approche.

Celui qui se laisse animer par l'Esprit a tout son temps. Pour tout et tous. L'heure qui passe est pour lui le plus grand moment parce que c'est le moment de l'amour. Sa patience est aussi illimitée que sa confiance en l'Esprit-Saint. Parce qu'il sait qu'un plus grand que lui veille au grain.

Il est aimable et bon. Il aime accueillir l'autre en qui il voit une parcelle de Dieu

L'autre ? Surtout le plus défiguré, le plus haineux, le désespéré. Il va vers celui-là d'instinct, parce qu'il sait que la bonté désarme tout, apaise, réconcilie, rend heureux.

Sa fidélité est exemplaire. Comme son Dieu, « il est fidèle ». L'amour en lui est si fort qu'il ne peut manquer une seconde de le servir. L'amitié qu'il porte à tous et à toutes, convainc chacun que c'est une des plus belles lumières qu'un être possède. Lumière rare, mais qui fait désirer, en l'approchant, l'acquérir. Nos vies sont tellement entachées de trahison, donc de mal de vivre !

La douceur dans le monde de violence où nous vivons a ceci de très particulier : elle apaise, calme. Ça vaut tous les Valium du monde. Un regard empreint de douceur n'a pas besoin de discours. Il porte, par l'intérieur serein qu'il dévoile, une force qui, en particulier dans les conflits, a le don d'unir, de rassembler. Cette douceur amène la paix, le fruit le plus demandé dans un monde déchiré par de multiples et incessants conflits.

Enfin la maîtrise de soi. C'est un miracle ambulant, quelqu'un qui se possède. Parce qu'en lui on découvre un immence lac de silence où l'on a envie de se plonger. Il maîtrise d'abord sa langue. Et comme dit saint Paul, version expurgée : « Du doigt de pied aux racines des cheveux, il contrôle tout parfaitement... » Pas de réponses hâtives, pas de décisions brusques. Mais une vie intérieure si forte qu'elle le pousse à dire et à faire ce qu'il y a de meilleur et tout de suite.

« Les dons de Dieu sont différents mais l'Esprit-Saint est toujours le même. » (1 Cor. 12, 26.) L'Esprit-Saint, c'est dans la prière qu'on saura qui il est. Mais c'est dans l'amour qu'il suscite qu'on vivra ses dons prestigieux. Les plus grands témoins de l'Esprit ne sont pas voyants. Ça sera toujours dans les plus petits, les plus oubliés, les plus effacés que l'Esprit nous fera découvrir les splendeurs de ce qu'il est.

Noël en prison

Il savait bien qu'il lui restait encore six mois de prison à faire, pour une affaire de vol de voiture. Mais sa femme attendait un enfant, il avait du travail et son nid était chaud. Alors, il a profité d'une permission pour se mettre en cavale. Un seul moyen pour se faire oublier : trouver un appartement et le mettre au nom de sa femme. Noël approchait. Il en avait passé cinq en prison.

Et son plus beau cadeau de Noël arrive : Victoire met le nez à la fenêtre trois jours avant les fêtes. Fou de joie, il bondit à la mairie et fait enregistrer sa fille, à son nom.

Le lendemain, on frappe chez lui. C'est la police. Effondré, il ouvre. « Comment m'avez-vous trouvé ? — C'est ta fille qui t'a " balancé " ! explique un policier. On a vu par hasard son nom et le tien dans la rubrique des naissances sur le journal. On a voulu vérifier. Il nous a suffi d'aller à la mairie et de demander ton adresse. »

Il a eu beau supplier de se rendre après les fêtes, il a dû quitter le berceau en pleurant, menottes aux mains. C'était la veille de Noël.

C'est la fête la plus dure à vivre en prison. Fête de famille, elle ajoute, pour les sans-famille, un peu plus de tristesse ! Combien de mecs m'ont écrit que la seule carte de bon Noël reçue était la mienne ou celle de mon équipe.

Combien recevront un mandat, un colis ? De plus en plus d'organismes y veillent. Mais il y a encore beaucoup à faire. Combien verront le visage d'un parent, d'un ami, quelques jours avant ?

De belles choses se passent pourtant, notamment grâce aux aumôneries et aux visiteurs de prison.

A la prison de Blois, dans le colis envoyé à tous, il y avait une jacinthe en bouton. C'est ce que les prisonniers ont le plus apprécié. Dans leur désert, voir pousser lentement des fleurs et sentir leur parfum embaumer une cellule n'a pas de prix pour certains.

Des fêtes sont organisées par et pour les prisonniers. Orchestres, théâtre, chorales commencent à remplir les heures qui annoncent la fête de la pauvreté, de la lumière et de l'espérance.

Ceux et celles qui désireraient se rendre

utiles peuvent écrire à l'aumônier de la prison de leur département. Il leur indiquera la meilleure façon de partager avec les plus exclus de nos frères et sœurs.

Accueillir un prisonnier sans famille, pour les fêtes, quand il en a la permission, serait un pas important dans le partage.

J'aurais bien aimé passer un Noël en prison. Mais je n'ai jamais pu. Pendant onze ans, accueillir cette nuit-là tous ceux et celles qui traînaient dans mon quartier m'a semblé prioritaire. Pêle-mêle, vieillards isolés, loubards foutus à la porte de chez eux, mecs sortis de prison étaient la crèche que notre F 3 accueillait.

Maintenant, notre crèche est plus traditionnelle. A la ferme de Haute-Provence, après la messe de minuit où les Provençaux se mêlent aux jeunes de la ferme, c'est toute la nichée des mineurs sortant de prison et quelques anciens qui se serrent autour de notre grande table. Un repas simple et bon, des cadeaux pour chacun. Et, bien sûr, un tour à l'étable pour fêter les héros du jour : Martin l'âne, Mimosa la vache, les moutons qui, eux seuls, n'apprécient pas nos cadeaux nocturnes.

Reste toujours pour moi la hantise de savoir quelqu'un dehors cette nuit-là.

Mon rêve est que chaque chrétien décide

d'accueillir au moins un de ses frères et sœurs, dans la peine ou dans la solitude, ou bien un inconnu qui cette nuit-là croise sa route.

C'est ce qu'a fait, une nuit de Noël, un de nos gars à Paris. Trouvant une ancienne de quatre-vingt-cinq ans, sirotant son énième demi dans un bar du quartier, il nous l'a ramenée, séance tenante, en me disant simplement : « Ça ne se fait pas d'être seule, cette nuit-là ! »

Serons-nous assez pauvres pour inventer de tels gestes ?

Les trois étoiles de Noël

Juste avant la messe de minuit que je célèbre tous les ans dans une petite chapelle des Templiers en Haute-Provence, je sors toujours un moment pour regarder le ciel. Les gars et les filles préparent l'autel. La sono appelle à la fête à travers les chants de Noël. Dehors, la nuit scintille.

Les cieux de Provence appellent au mystère que je vais célébrer. Ce mystère divin doit nous enraciner un peu plus dans l'humain pour bien le vivre. Et c'est l'humain de Noël qui, sans cesse, nous fera monter vers Dieu.

Cette année, trois étoiles se détacheront et réchaufferont ma méditation, mon combat et ma prière.

L'étoile de la solidarité

Perdu dans la marche de l'immense foule des jeunes qui tendaient leur visage ému vers l'image de Malik assassiné, je pensais à Noël qui arrivait.

Jésus à été solidaire toute sa vie du plus petit, du plus écrasé, de la victime innocente. Malik était au centre d'une immense crèche, comme victime innocente d'une violence policière inadmissible.

Quelques jours avant ce meurtre, je célébrais le mystère d'amour avec mon archevêque dans l'immense vaisseau de Notre-Dame, en mémoire des policiers assassinés durant l'année, victimes d'une violence également inadmissible.

Jésus est solidaire de toute victime, quelle qu'elle soit, d'où qu'elle vienne. Cette victime-là n'a plus alors de race, de classe, de corporation, d'âge, de couleur.

L'étoile de la pauvreté

Le dénuement voulu de Jésus, foutu à la porte de partout et ne voulant naître que dans le seul endroit chaud qui restait : une étable, nous émeut mais ne nous rend pas combattant. La misère du monde torture intérieurement le cœur de beaucoup d'Européens, notamment des jeunes. Je sens partout sourdre la douleur exprimée par tant d'injustices qui donnent aux uns des assiettes archipleines et aux autres même pas la possibilité d'avoir une écuelle à remplir.

Le spectacle de nos rues où se traînent tant de crève-la-faim, de chômeurs aux fins de mois désespérantes nous laisse, à nous chrétiens, toute possibilité de ne pas rêver à des milliers de kilomètres de nos frontières.

L'Europe vit une pauvreté certaine, vécue par une minorité. Mais l'imagination créatrice des chrétiens pour résoudre cette pauvreté qui bat nos portes n'est pas à la hauteur du combat qu'il faudrait mener pour faire reculer toute misère.

Jusqu'à quand la pauvreté frappera-t-elle à notre porte et n'aura comme réponse que des prières répétitives et bien formulées au pupitre de nos belles intentions à la messe dominicale ?

L'étoile de l'amour

La nuit de Noël, des centaines de jeunes mineurs croupiront dans des cellules surchargées dans toutes les prisons de France. Je vois dénoncer actuellement l'incarcération de milliers de jeunes Noirs en Afrique du Sud. Les parents ne sont même pas avertis quand on les incarcère et ne savent jamais quand ils sortiront. Nos jeunes, emprisonnés depuis l'âge de treize ans, on sait à une minute près qu'ils y sont et à une heure près le moment de leur sortie. Ce scandale est planifié, répertorié, légalisé. Ils seront, une fois de plus, les grands piétinés de l'amour, cette nuit de Noël.

Tant d'enfants seuls chez eux attendent longuement des parents qui tardent à venir. A cause du travail des deux conjoints et surtout de la séparation du couple condamnant le seul ou la seule qui reste à travailler dur pour boucler le budget !

Tant de jeunes meurtris par une civilisation de « l'avoir » qui les rend fragiles, agressifs, inquiets, parce que seulement entourés de tout ce qu'on peut rêver de confort !

Ils n'attendent qu'une chose : être aimés, reconnus, écoutés. Ils ne reçoivent que peu d'attention, sont aimés à la hâte, reconnus entre deux bisous rapides, et n'entendent que des portes claquer, appréhendant le retour tendu de l'adulte qui les repliera encore un peu plus sur eux-mêmes.

L'amour trinitaire de Marie, Joseph et Jésus est la seule réponse à l'angoisse de tant de jeunes que j'aborde et dans tous les milieux.

Ces jeunes, au fond, se foutent de leur avenir. Prendre le temps de les aimer est et sera le seul roc sur lequel s'ancrera tout avenir solide.

La personnalité rayonnante et lumineuse de Jésus est le fruit de l'amour dingue reçu de Marie et de Joseph : amour qui a commencé à la crèche et qui lui a permis d'être l'homme aimant et libre que sa vie publique a magnifié.

Être solidaire de toutes les victimes de quelque bord qu'elles soient, prendre le temps d'aimer et de combattre toute injustice, vivre et faire vivre avec les seuls biens nécessaires, partager avec plus pauvre que soi, c'est ce que je lirai dans le ciel étoilé de Provence.

Je pourrai alors entrer dans la chapelle pour chanter celui qui peut, à travers tant de siècles, nous donner aujourd'hui toutes les raisons d'espérer, d'aimer et de croire que tout est possible. Notre combat quotidien joint à notre prière sera alors invincible.

Noël bientôt ?

Si tu ne penses d'abord qu'à lorgner les vitrines pour savoir ce que tu vas acheter pour tes gosses,

Noël, c'est râpé !

Si tu succombes au désir de tes mômes qui veulent une voiture de police, une mitraillette en plastique et la panoplie complète du para,

Noël, c'est râpé !

Si tu as déjà acheté le petit Jésus en sucre et ses parents en chocolat... sans oublier un seul des bestiaux en caramel de la crèche,

Noël, c'est râpé !

Si, avant toute chose, champagne, gâteaux, repas hors de l'ordinaire sont déjà programmés,

Noël, c'est râpé !

Si tu commences à dresser la liste des gens à inviter en prenant soin d'exclure les chiants, les emmerdeurs, ceux et celles qui vont troubler la fête tranquille,

Noël, c'est râpé !

Si tu ne prends pas le temps de méditer, durant cet Avent, le merveilleux mystère de la nuit de Noël, la pauvreté de l'Enfant-Jésus, le dénuement absolu des immigrés que sont ses parents,

Noël, c'est râpé !

Mais si tu lorgnes déjà le jeune couple de chômeurs de ton immeuble qui, sans toi « fêterait » cette nuit-là dans un peu plus de détresse et de solitude,

alors Noël, c'est gagné !

Si tu n'attends pas pour dire à l'ancienne qui vit seule, un mois à l'avance, qu'elle sera ton invitée, pour qu'elle savoure d'avance durant un mois ces quelques heures où elle sera reine,

alors Noël, c'est gagné !

Si tu prends la peine de réfléchir à ce mystère d'amour et de pauvreté qui, au cours des âges, a été défloré, foulé aux pieds et travesti en fête égoïste, faite de beuveries et de gueuletons,

alors Noël, c'est gagné !

Si tu continues, dans l'année qui vient, à vivre ce mystère en pensant que le partage, c'est pas seulement l'affaire d'une nuit,

alors Noël illuminera toute ton année !

Ma force : silence et prière

Un walkman sur les oreilles, l'image de la télé dansant en face de lui, il fait son devoir de maths... Délicatement, je déplace un de ses écouteurs pour lui poser une question. « Comment peux-tu abstraire tout en regardant un film et en écoutant une cassette ? — Question d'habitude, me répond-il, ça m'aide à faire mes devoirs. » Il replace l'écouteur. Ma question saugrenue trouble, à l'évidence, sa triple concentration !

Le monde d'aujourd'hui a un besoin tragique de silence. Les jeunes notamment. Et pourtant, il suffit de les appeler à faire silence pour qu'ils en découvrent la force incomparable.

On revenait d'un amphithéâtre comble où les étudiants m'avaient appelé à témoigner de ma mission. Je n'avais trouvé sur scène en guise de place que quelques centimètres carrés pour mes santiags ! L'enthousiasme de ces étudiants faisait plaisir à voir... Ils voulaient dialoguer, savoir, entendre parler des plus pauvres. Je reste cependant réservé sur cette ferveur. Je sais que, considérant que tout est éphémère, les jeunes d'aujourd'hui ne s'engagent pas en fonction de l'enthousiasme que peut susciter un témoin. De plus, si ce dernier ne fait pas gaffe en appelant à l'intériorité, il ne provoquera qu'un feu de paille. L'étudiant qui me ramenait me confia ceci : « J'ai beaucoup aimé ce soir... le silence parfois total de la salle. C'était impressionnant. C'est chouette que, dès le début, après les applaudissements, tu aies demandé d'arrêter les frais. Il y a une semaine, un autre témoin est venu. Chacune de ses reprises a été ovationnée. La vedette est passée. Elle ne m'a rien appris d'autre que je ne savais déjà. Son message n'a pas été entendu. Trop de bruit. »

Le silence porte, en lui-même, une force pas possible. Celle qui permet de s'interroger sur soi d'abord. Les questions « Qui suis-je ? » « Où vais-je ? », « Qu'est-ce qui me pousse a agir ? », on peut les biffer toute une vie, en courant après tout, sauf après soi-même, en refusant de se donner des réponses à ces questions vi tales. Peut-être avons-nous peur des réponses, justement, à cause de l'engagement qu'elles peuvent susciter et des virages à prendre.

Un homme d'affaires m'interpelle un jour : « Tu as de la chance, Guy, de pouvoir prendre quarante-huit heures tous les quinze jours pour faire silence. Moi avec mon travail, ma femme et mes trois gosses, j'ai jamais pu ! » Ma réponse a jailli : « Parce que tu fais la bêtise de ne jamais t'arrêter en prenant prétexte de ton boulot, de ta femme et de tes gosses. Ma vie à moi est aussi torrentielle, si ce n'est plus, que la tienne. »

Si je n'avais pas comme ascèse ces heures absolument consacrées à moi-même et à Dieu, je manquerais l'essentiel de ce que je veux vivre. Je n'aurais jamais entendu les appels de Dieu dans ma vie concrète. Je n'aurais jamais pu deviner, derrière l'événement, Dieu qui fait signe. Seuls, le silence et la prière ont pu me le faire comprendre. Mais pour cela, il a fallu que je m'isole et m'assoie de multiples fois.

Le silence a le don de relativiser et de dynamiser à la fois, de façon parfois stupéfiante, mon action. Il nous accule, en effet, à tourner notre regard vers Dieu. Cette immobilité est la source des plus riches moissons. Il nous pousse, de plus, à ne pas nous croire indispensables. Donc à rejeter l'orgueil qui est une de nos plus puissantes tentations, une des plus destructrices.

C'est souvent dans les longues marches silencieuses en forêt, avec mes chiens sur les talons, que j'ai compris que la prière était l'action prioritaire de l'homme de Dieu. C'est la force des contemplatifs. Avec, bien sûr, leur vocation particulière, si contestée par ceux et celles qui pensent que, seul le concret, le visible, fait avancer le monde.

J'ai constaté souvent que ma capacité de travail était accrue après les heures de silence que je m'impose, parfois au point de reporter des tas de rendez-vous quand je sens que je travaille dans le vide et que l'écoute m'est par trop pénible. La fuite, dans ces cas-là, est la seule réplique face à l'ennemi qui sommeille en moi et qui me dit : « Tu es indispensable. Sans toi, comment ces jeunes s'en sortiraient-ils ? »

Si la prière et le silence sont les atouts maîtres du chrétien qui veut avancer dans la mission qui lui est confiée, l'autre atout majeur dans une tâche comme la mienne est l'équipe. On n'a pas assez d'une vie pour partager ses responsabilités. On n'aura jamais assez de réserve d'humilité pour refuser de croire que seul on peut tout.

A chacun sa capacité d'être ou de faire. A chacun aussi de croire, parce qu'il le vérifie, qu'il est un maillon essentiel dans un combat apostolique... mais jamais irremplaçable.

« Où puisez-vous votre force ? », me demandait un jour une femme en fin de conférence. « Du silence et de la prière — D'accord, mais physiquement, où la puisez-vous ? — Du silence et de la prière », fut ma deuxième et ultime réponse. Cette dame voulait absolument que les épinards, les sardines à l'huile, les yaourts ou je ne sais quelle vitamine soit mon « super » quotidien. Oui, faire du sport régulièrement, manger sainement, dormir à la même heure, et suffisamment, sont indispensables à mon quotidien. Mais ma force principale, qui sous-tend tout, est ailleurs. Le silence dégage les essentiels de ma vie. La prière me donne la force de les vivre.

Table

Achevé d'imprimer en septembre 1989
sur presse CAMERON
dans les ateliers de la S.E.P.C.
à Saint-Amand-Montrond (Cher)
pour le compte de France Loisirs

Imprimé en France

Dépôt légal : septembre 1989.
N° d'Édition : 15743. N° d'Impression : 1752